大活字本シリーズ

アイディアのレッスン

外山滋比古

埼玉福祉会

アイディアのレッスン

装幀　巖谷純介

はじめに――アイディアをものにする〝頭〟　15

I　アイディアの基本

アイディアとはなにか　22
まずは考える　31
工夫して思いつく　42
価値ある考えとは　51
アイディアを生む〝ウォント〟　61

アイディアと模倣　73
「プロ的アイディア」「アマ的アイディア」とは　80
アイディアはいたるところにかくれている　91
ユーモア・冗談　102
アイディアはところを選ぶ　116

Ⅱ　アイディアのルール

いつ、どこから生まれるか　128
歩いているとき、眠っているとき……

ほかのことをしているとき
正攻法ではない
浮かんだらメモ　140
一度逃すと次はないと心得ること
たえずメモがとれるようにしておくこと
メモを見返す、整理することが肝要
アイディアづくりには忘却が必要　150
頭の掃除をしないとアイディアはやってこない
眠りはもっと効果的な頭の掃除
夢中になることも大切

緊張と弛緩から創造が生まれる
アイディアづくりは「休むに似たり」 161
いくら勉強しても……
しのびよる借用の誘惑
読書を途中でやめる
ある程度考えたらそこで休む
アイディアは誤って生まれる 173
すべては運次第
誤りはクリエイティヴ
謙虚であること

Ⅲ　アイディアのつくり方

①▼ブレイン・ストーミング　186
交流がアイディアを生む
ブレイン・ストーミングは場の雰囲気が重要
聞き上手・ほめ上手
②▼延長線・慣性の法則　198
「そのさき」を考えること
思考の持続を利用する

③▼セレンディピティ　205
セレンディピティとは
関心の周辺
④▼醱酵させる　215
アイディアづくりは酒づくり
テーマとヒント
時間がかかる
⑤▼〝カクテル〟にする　226
短時間でアイディアが得られる

既成のアイディアの調合
すぐれた混合は下手なオリジナルに勝る
⑥▼たとえる　238
比喩というアイディア
明喩、隠喩、換喩、提喩、諷喩
⑦▼結合させる　249
「無関係なもの」
常識、ロジックにとらわれない
⑧▼類推する　261

もっとも有力な方法
比例式に当てはめる
⑨▼ヴァリエーションをつくる　273
既存のアイディアを背景にすえる
換骨奪胎の手法
「本歌どり」の手法
ヴァリエーションはアイディアの宝庫
⑩▼入れかえる　286
主客を入れかえる
部分を入れかえる

おわりに——創意、工夫はなぜ必要か　296
文庫版あとがき　301

アイディアのレッスン

はじめに
アイディアをものにする〝頭〟

ひと口に頭を使うといっても使い方にはいろいろある。大ざっぱに二つに分けると、一つは知識を得るため、もう一つは、新しいことを考え出すための頭である。受信と発信である。

イタリアの経済学者、社会学者のパレートは、知識を習得し、これをあとで小出しにして生きていく人間のことを利子生活者と呼ぶ。それに対して新しい考えを生み出す人のことは投機家だと言っている。

新しいことを考え出すのは、イチかバチかの投機のようなものだというのであろう。

これまでの社会、少なくともわが国では、堅実な利子生活者が尊重され、投機家には白い目が向けられてきた。

教育ももっぱら知識の習得をこととした。教育を受けた人はその知識を元手に生きる。新しいことを考えたりすることは問題にしない。学殖があれば尊敬されるが、変わったことを考えても、思いつきがいい、アイディアマンと言われるのがおちである。したがって、模倣にはすぐれていても独創はお寒い限りという社会になる。オリジナリティということのよくわかっていない知識人がいくらでもいる。アイディアの価値が不当に低く見られるが、ただ欧米に追いつけ、が合いことばであった国だから是非もない。

この本は、アイディアこそ本当の頭の使い方であり、文化の進展、発達もアイディアによるという考え方に立って、発想とその生成を明らかにしようとしたものである。

全体が三部に分かれている。

第一部は、アイディアとは何かを考える。アイディアは〝浮かぶ〟ものときまっているが、アイディアを生み出すのをあらわす適当なことばがないのはいかにも象徴的である。イントロダクションだから、問答体にし、ここのみ〝です、ます〟調の文章にした。身近なところにアイディアがころがっていることがわかってもらえれば幸いである。

第二部は、アイディアがどういうとき、どういうところで生まれやすいかをめぐってあれこれ述べたものである。着想は偶然にとび出すように思われているが、その偶然に、おのずからある習慣性があるのではないかという微妙な問題が扱われている。

第三部は、アイディアをつかみとる具体的な方法にふれた。発想、着想、発見が生まれるのには論理というものがないのだから、ハウ・ツーの技法は存在しないはずである。ただ、いくらか方法のようなものがないではないから、その主だったものをいくつか例示した。もちろん網羅的ではない。いくらかでも実際の役に立ち、アイディアを得る助けになれば幸いである。

『アイディアのレッスン』が書名であるが、なるべく堅苦しい議論はさけて読みやすさを心掛けた。全体が一つのエッセイとして読まれることを願っている。

I　アイディアの基本

アイディアとはなにか。この答えを知るだけで、あなたがアイディアをつかむ確率はずいぶん高くなると言えるでしょう。実は、いたるところにころがっているもの、それがアイディアなのです。まずは、アイディアの正体を知ること、そこからレッスンを始めましょう。

アイディアとはなにか

――最近いいアイディアがちっとも浮かびません。いろいろ考えているうちに、そもそもアイディアとはなにか、よくわからなくなってきました。

そこで、辞書をひいてみました。日ごろ信頼している『大辞林』に当たってみますと、「①思いつき。着想。アイデア。『いい――が浮かんだ』」だけで、あとは哲学の観念、理念という意味も添えてありますが、これではいかにも頼りない。『広辞苑』をひいてみますと、「思いつき。着想。考案。」と似たようなもの、例文の「よい――が浮ぶ」もそっくりなので、おどろきました。

レッスンの予習というわけですね。いい心がけです。このごろの若い人で、そういう準備をする人はほとんどいません。昔からそうだったのかもしれませんけれど……。

――国語の辞書では要領を得ませんから、百科事典ならくわしく書いてあるだろうと思って、『世界大百科事典』に当たったところ、おどろくなかれ、見出項目がありません。関連事項の中で説明し

てあるのかもしれないと思って、索引をしらべましたが、ありません。哲学のイデアならあるのですが、アイディアについての記載はないと判明しました。意地になって、『日本大百科全書』『学芸百科事典』『万有百科大事典』をひっくりかえしてみましたが、どれにもいっさい記述がありませんでした。これでは〝アイディアのレッスン〟を受けなくては、と改めて思いました。

百科事典がアイディアにそっぽを向いているというのは、知りませんでした。あなたの発見です。ひいてみたことのない人にはそういう発見はできません。ついでですから付け加えますと、世界一と言われる『ブリタニカ』（*Britannica*）も、着想、思いつき、という意味でのアイディアにはまったく沈黙しています。これはいまの百科事典というものの性格を象徴すると言っていいでしょう。百科事典は着想ではなく、知識と情報を説明していることになります。

——その着想ですが、これが思いつきだとしますと、発明（これまでなかった新しいものを考え、つくり出すこと）や発見（世の中に知られなかったこと〔もの〕を見つけ出すこと）と、どういうところが違うのでしょうか。かねがね不審に思っておりました。

やかましい定義といったものではありませんが、発見というのは、主として科学上の新しい知見です。新しい商品では発見とは言いません。発明です。ニュートンがリンゴの落ちるのを見て、それをきっかけに万有引力の法則を見つけたのは大発見です。

これに対して、これまでなかったものを新しくつくり出すのが発明です。技術的、製造的なものです。発見品とは言いませんが、発明品はたくさんあります。

つまり、科学上では発見があり、技術と製造においては、発明があるというわけです。

――それがアイディアとどうかかわるのでしょうか。アイディアは発見でもなければ、発明そのものでもないように思われます。

そこがちょっとデリケートなところですが、わたしは、発見も発明も、その発端のところはアイディアだと考えます。それを学問的、科学的に昇華させていけば発見になり、技術的にものについて結晶させれば、発明になると思います。発見に比べると、発明はいくらか軽いアイディアであると考えることもできます。

この二つに対して、アイディアそのものはもっとも生活的で、いっそう軽い新しい考えのことです。発見はもちろん発明も、社会的な価値を認められますが、アイディアは、日常の生活の中で、折にふれて得られるもので、とくに価値があるとはみなされないケースがきわめて多いでしょう。アイディアを出した本人も、いい思いつきだと自覚しないことさえ少なくありません。しかし、それにもかかわらず、アイディアには創造性が秘められています。こういうふうに考えると、アイディアが、発見、発明に通ずるところのある独創だということがはっきりします。

——発見、発明と並ぶものなら、「発想」とすれば、いっそう、わかりやすいのでしょうが……。

発想は、あることを思いつくこと、思いついた考え、という意味で使われるのが普通です。アイディアに近いことは近いのですが、少し違う。それで発の代わりに着として着想と呼ぶのが定着したのです。発見、発明、着想というわけです。着想というのは思いつきと言ってもいいでしょう。ごく軽い発見、発明というわけです。

これまで、ものを知る、知識をふやすのは価値があるとされてきました。

いかに多くのことを知っているかが人間の価値を左右しました。ところが、情報化社会、とりわけコンピュータが普及してきて、知識、情報の記憶ということはかつてほど重要ではないのではないかと疑われ出しました。コンピュータのできない新しいことを思いつき、新しいものをつくり出すという創造性がにわかに注目されるようになったというわけです。

もっともコンピュータ化の進んでいるアメリカでは三十年くらい前から創造性、創造的ということをやかましく言うようになり、学校などでも創造性を高める教育を目標にするようになりました。

日本でも、創造、開発ということが産業においても大きな価値を持つことが認識されるようになって、ただ、ものをつくるのではなく、新しい考えにもとづいてつくる、アイディア製品、商品をつくり、アイディアで勝負するのが新しい動向になってきました。

それにつれて、アイディア、うまいアイディア、新しいアイディアを求める気運も高まっています。一部には、わけもわからず、アイディア、アイディアと叫んでいる人たちもいるくらいです。

ここではじっくり腰を落着けて、どうしたらアイディアを得ることができるかについて考えてみたいと思います。

まずは考える

――学校ではどうしてアイディアを生み出す教育ができないのでしょうか。

学校の教育は別の目的を持っているからです。学校は知識を教えるところです。新しいことを考え出したりはしません。まず、知ることを目指します。

学んだことは忘れてはいけませんから、ときどき試験をして、覚えているかどうかたしかめます。いつのまにか点数をとるのが勉強のようになってしまいますが、とにかく記憶力がものを言います。頭がいいというのは記憶力がすぐれているということになります。記憶力の弱い優等生というのはまず考えられません。ものごとを知るというのは、考えるのとは少し違います。優等生の考える力が強いとは限りません。

アイディアは考えから生まれるものですから、成績のいい人がいいアイディアを考え出すことがうまいとは限りません。むしろ、逆の場合の方が多いくらいです。実際、優等生でアイディアにめぐまれないで苦しむことが少なくありません。

——これはおどろきました。成績のいい人は頭がよく、頭がいいのだから、アイディア力にもめぐまれているとばかり思っていました。

大学で卒業論文を書かせます。論文をつくるのは、知識を習得するのとは違った頭の使い方をしなければなりません。

受け身で与えられたものを頭へ入れて忘れないようにする記憶型の知的活動である学習に対して、論文を書くのは、アクティヴに、積極的にものごとを考えていかなくてはなりません。創造的活動です。

普通の学習ではまずアイディアの出番がありませんが、論文となると、いちいちアイディアがものを言うのです。日ごろよく勉強し、成績も優秀な学生は自分でも頭がいいと思っていますから、軽い気持ちで論文にとりかかり、ひどい目にあいます。いつまでたってもテーマがつかめないのです。いくら考えても、テーマが浮かんでこないからあわてます。日ごろの自信を失って、先生のところへ泣きついて相談します。先生もこの期に及んでアイディアを得る方法など説いてはいられませんから、適当な題目を与えることになります。実は先生自身も、記憶型の秀才が多く、アイディアは得意でないことが少なくありません。

――論文の題目決定にひどく苦労したことを思い出します。いったん提出した題目をあとで変更した苦い思い出もあります。

いい考えが浮かばないまま、時間に追われて、漠然と「○○○について」などという題目にして、書き出すことも少なくありません。これでは論文にならないで、知識の寄せあつめ、ほかの本からの無断借用をつなぎ合わせたレポートになってしまいます。そういう論文が多くて、さすがに、これではいけないとなったのでしょう、かなりの大学が学部の卒業論文を廃してしまいました。三十年くらい前から始まったことです。教育がいかに創造的でないかということを告白したようなものです。

覚えることを知って、考えることを学ばない学校としては当然の帰結だったかもしれません。

――数学などは考える力をつける学科だと言われていますが、やはり創造的とはいかないのですか。

学校の教える数学は、たしかに思考力を必要とし、それを伸ばすものですが、なお、記憶型思考によるところが少なくありません。数学は答えを出すために考えますが、こういう思考はかならずしも創造的ではありません。型にはまった方法で答えを出します。創造は答えのない問題から新しいものを生み出すことです。数学者がすべてすぐれたアイディアの発想ができるとはかぎらないのもそのためです。

――考えるといっても、いろいろですね。

外国人が笑ったそうです。日本人の英語を聞くと、ふたこと目には'I think ....'（われ考えるに……）とやっている。よほど思索的なんだろうと思っていると、そうでもない。考えているのではない、口ぐせみたいだというのです。

実際、日本人はものを深く考えつめるということは少ないようです。自分の考えを持ち、それを主張するというようなことはむしろ不得手ですから、独想、独創、オリジナリティに欠けているのかもしれません。人のよいところはすぐまねようとします。不名誉なことにそれが国際的にも定評になっているようです。

アメリカでは日本人のことをコピーキャット（なんでも人のまねをする人間）と呼んではばからないのです。大企業がしばしば特許権侵害で訴えられたりしていますので、不当な悪口と言いきれないところもあります。

もっとも、近年は、知的財産、知的所有権、新製品開発というのが経済的にも大きな価値を持つことがようやく認知されるようになり、発明、新研究、発見を目ざした独創の努力も認められるようになってきてはいます。現に、多くの特許を毎年得ている有力企業がアメリカ、ヨーロッパに比しても遜色ないくらい多くなっています。もうコピーキャットではないと胸をはってよいかもしれません。

——一部の科学者や技術者はそうかもしれませんが、一般的には、なお創造的思考という点は充分ではないのではないでしょうか。

いまなお、記憶型人間が優位に立っていますが、コンピュータという記憶の怪物があらわれた以上、記憶優秀な人間の価値が低下するのは否めません。大学などもこの点を考えれば、創造的教育に切りかえなくてはいけないはずです。

前にも述べましたが、アメリカがいち早くそれに気がついて創造的教育を振興させようと躍起になったこともありますが、ことがことだけに、見るべき成果をあげることができませんでした。アメリカのまねで日本もひとしきり創造、創造とさけぶのが流行でしたが、ほとんどまったく結果を出すことができないで、もと通りの記憶中心の教育に戻ってしまっています。

本来、学校というところは、学ぶ、まねる、覚えるところですから、新しいものごとを考えたり、つくり出したりするのには向いていないのです。新しいことを考えるのを教えられるような学校はいまのところほとんどありません。知識を身につけて教師になったからといって、知識をつくり出す、知らないことを考え出すにはどうすればいいのか、などということのわかるわけもありません。

となれば、アイディアは独学するほかはありません。これまでりっぱな発見、とりわけ、発明をした人でりっぱな学校歴のない、たとえば、エジソンのような例が少なくないのは注目すべきことです。見方によっては、学校教育をながく受けていると、アイディア発想力が弱まってしまうのかもしれません。

学者はアイディアが乏しいといったら叱られるかもしれませんが、知識を多く持っているのがときとして、新しいアイディアを生む妨げになるかもしれないというのはパラドックスではありません。

幸いなるかな、記憶弱きもの、です。

アイディアを生むのには、子どものような頭が必要なようです。

工夫して思いつく

——工夫する、と言います。思いつく、とも言います。考えるのと、どう違うのでしょうか。

考えるというのは漠然としていて、意味はとる人さまざまです。考えていると思いながら、その実は、どうしようかと、問題のまわりをぐるぐる堂々めぐりしているにすぎないことが少なくありません。なにごとかについて考えるというのは、そういう考え方をしていることが多いようです。

工夫する、というのは、少し違います。問題解決のいい方法、手段はないかということをさがし求めて考えているのです。いろいろと試みてみることです。あれこれ考えるのが工夫です。一つか二つのことを考えたのでは工夫したことにはなりません。やはり、工夫をしながら、堂々めぐりをするのが普通です。ちょっと考えて、すぐ解決、というようなのは、工夫ではありません。試行錯誤をかさねて答えを見つけ、うまい方法をつかむのが工夫です。こういう工夫のうまい人というのもわり合いに少ないようです。工夫の訓練ということを教えてくれる人もありませんから、しかたがないでしょう。

子どもが一人で遊んでいるときに、いろいろなことを試してうまくできるようになりますが、その途中で、工夫をしているのです。遊びは、その意味で、工夫の独学コースのようなものであると言ってよいでしょう。いわゆる勉強は、知識をつめこむのが主ですから、本当に考える力をつけるのは容易ではありません。そこへいくと、子どもを自由に遊ばせておくと、遊びながら工夫します。ことにおもちゃなどがないところで遊ぶのがもっとも創造的で、知らず知らずに工夫を覚えます。子どもは発見の名人であることが少なくありません。

よく学びよく遊び、と言いますが、よく遊ぶのは工夫することを学ぶことになります。

――工夫と思いつき、着想との関係はどうなりますか。

工夫はよい考え、方法などを見つけるための活動です。いい考え、うまい方法、解決を求めてあれこれ考えるのが工夫です。

そこから、生まれ出るもの、ひらめくものが思いつきです。工夫を重ねていれば、かならず、思いつきが得られるかというと、そういかないからやっかいです。

いくら工夫しても、さっぱり結果があらわれないものですから、張り合いがない。そのうち、いやになって工夫する労を惜しむようになってしまいます。工夫ということがあまり行われないのもそのためでしょう。

思いつきが得られるのは、どうも偶然であるように思われます。いくら考えても、運の悪いときは、いつまでも思いつきになりません。そうかと思うと、ちょっと考えただけで、たいへんな名案を思いつくこともあります。勉強は努力すれば、それに見合って結果が出ますが、工夫の方は、そうはいかないので困ります。

工夫では努力と成果が比例しないのです。それで、バカらしくなって、工夫の努力をしなくなってしまうのかもしれません。学校の教育が工夫を教えないのは、こういうわけで、教えにくく、教え甲斐がないからでしょう。

教わりませんから、工夫ということを知らないで一生をすごす人も決して少なくありません。基礎的知識を持たないのは、教育の普及した現代において、ごく限られた人たちですが、まるで工夫のできない、それどころか、工夫そのものを知らない人でも、りっぱに生きていけるのです。工夫は自分で身につける考え方です。だれかから注意されないと工夫そのものがわかりませんから、工夫のできる人間にはなれません。現代の知的状況において忘れられてはならないところです。

――工夫から思いつき、つまり、アイディアが生まれるのは、まったくの偶然なのでしょうか。いくら考えても、アイディア一つ浮かばない、ということも、少なくないのでしょうか。

さよう、そこがはっきりしないために、思いつきやアイディア、着想が神秘性をおびるようになるのです。インスピレーション説です。

アイディアはつくられるものではない。考え出すものでもない。天来の妙想、つまり霊感によって、ふってわいたようにどこからともなく、あらわれる、そういうように考えるようになりました。
不作為の天来の妙案という考えは、工夫の結実を得られない人たちにとって誘惑的です。そして工夫の労をおしみ、知的不毛におちいるというわけです。

――下手な鉄砲も数うてば当たる、ということわざがあります。工夫もあれこれ試みていれば、ときにうまくいくのではありませんか。

発明の天才といわれたエジソンに〝天才は九十九パーセントのパー

スピレーション（汗＝努力）と一パーセントのインスピレーション（霊感）である〟という、たいへん有名なことばがあります。

これを、いま考えている工夫と思いつきの関係に移して考えますと、アイディア、思いつきは、九十九パーセントが工夫で、うまくいくのは一パーセントだということになります。つまり、百回工夫して、思いつきになるもの、アイディアになるのはそのうちの一回だということです。確率一パーセント。百の工夫をして、ものになる思いつき、アイディアは一つというわけです。もちろん、正確に九十九対一ということではなくて、それくらいの小さな確率でしか、思いつき、着想、アイディアは生まれてこない、とまず、そう考えておけばいいでしょう。

――百分の一というのでは気が遠くなりますが……。

いや、考えるのは超高速のスピードですから、一瞬にして、一つのことを工夫できます。

〝思いのように迅速に〟ということばがシェイクスピアにもありますが、思考の脚は疾く、千里を遠しとしませんから、下手の鉄砲よろしく、いくらでも工夫をめぐらすことはできるはずです。根気はいりますが、特別の才能が求められるわけではありません。そのつもりになり、思い切り努力すれば、名案、発明、発見のもとになる着想を得ることは、ほとんどだれにでもできるはずです。

価値ある考えとは

――アイディアは言ってみれば思いつきですが、思いつきでは、いかにも軽い。つまらぬもののように感じられます。それでアイディアと言うのでしょうが、これだってやはり軽い感じです。アイディアマンと言われてよろこぶのは少しお人好しかもしれません。

そういえば、発明家というのもあまりよいことばではありません。

立派な仕事をした人に対する敬意というものが感じられないのは、発明ということ、新しい考えを生むということ自体が充分評価されていないからでしょう。

たいした思考力がなくても、ただ本を読んで、知識をたくさん持っているだけで学者と言われるのであっても、発明家よりどこかえらいように感じられるのも、考えの価値が認められていない社会のせいです。さすがに、発見した人となると敬意がこめられますが。

日本人はものにこだわり、ものをありがたがります。したがって、無形の価値には鈍感なところがあります。品物には金を出すが、話や知識はタダだと思っています。

たとえば病院がそうです。いまは医薬分業が建前ですからドクターは診察、処方箋を書く。患者はそれで薬局から薬を買うことになるのですが、ただ診てもらい、注意などを聞くだけに対してお金を払うのに抵抗がある。効く効かないは別として薬剤をもらえば、薬代なら当然だと思って払う。それで多くの医院が、薬を処方して出す。医薬分業は名のみで、それをおかしいと思う患者もないのが実際です。診察に価値があるのだということはなお多くの人に納得されていないのです。

小児科の開業医がこぼします。夜中に電話がかかってきて、子どもの様子がおかしい、という。聞いてみると、母親の言うほどのことはなく、たんなる発熱であるから、家庭でできる処置を教える。これで朝になっても熱がひかないようだったら、おつれくださいと言っておさめる。たいていこれですむのですが、翌日、お礼に来る人はほとんどいません。

電話に答えただけなのだから、金など払うわけはないと思っているのです。診察料を払う人はほとんどないそうです。これでは、小児科のお医者になり手がなくてもしかたがないのでしょう。

——弁護士も口先だけの仕事だと思っています、一般は……。

アメリカへ行った日本人についてこんな話があります。

その人はアメリカに住むようになってまだ日が浅いときに、間違った支払いを請求されました。身に覚えのない払いですが、どうすればよいのかわかりません。たまたま親しくなったアメリカ人の弁護士がいるので、相談したら、簡単な手続きかなにかを教えてくれました。やれやれと思っていると、こんどは弁護士から請求書がきたのです。かなりの弁護料です。その日本人は、ちょっと相談しただけだし、知り合いでもあるし、アドバイスに対して、よもやお金を払わなくてはならないとは露ほども考えていなかっただけに、ひどくおどろき、まわりに言いふらし、広く人の知るところとなりました。

しかし、これはおどろく方がおかしいのです。近年は、日本の大学に法科大学院ができて、法曹の社会的地位が一段と高まりましたが、古くは、弁護士は、かげで三百代言なみに言われ、決して尊敬される職業ではありませんでした。仕事の高度な専門性にもかかわらず人気がある職業ではなかったのです。アメリカ的に、無形の知的価値についての認識が高まるにつれて、法曹が魅力ある職業の分野になってきました。

——情報はかつての水のようにタダなものと思っているのでしょうが、水もいまでは買わなくてはならないものになりました。情報も経済的価値を持っていることを、うすうすは感じ始めているのでしょうか。

さあどうでしょうか。本当はまだそう思っていないのではありませんか。

なにしろ、古来、人の考えは自分のもの、自分の考えも人のもの、という知的共産主義の日本のことです。にわかにそれが変わるとは思われません。

独創はしばしば反社会的ですらあるように思われていたふしがあります。そういうものは個人に帰属すべきものではなく、すみやかに普及、一般化した方がよいという暗々の了解がお互いの間にあった時代が長く続きました。

人の考えたことをまねするのは一向に構わない。まねてどこが悪いとさえ思っているのが日本人です。さきにも言いましたが、アメリカが日本人のことをコピーキャット（ものまね人間）と呼ぶのはあながち不当ではありません。

――それを指摘した日本人はいないのでしょうか。

さあ、よくわかりませんが、あまりなかったと思われます。菊池寛はその希有な日本人の一人だったと思われます。この小説家は通俗作家としてあまり高く評価されないできましたが、おそらく明治以降、もっとも独創的な文学者であったと思われます。その才能は、広く編集の方面においても発揮されました。『文藝春秋』というそれまでなかった形式の文芸総合誌をつくったのもそのアイディアの一つです。

そのころ、つまり大正末期の総合雑誌は申し合わせたように巻頭に難解きわまりない論説をかかげるのが常でした。読んでわかった読者がいたかどうかわからないが、とにかくそれが高級雑誌の常道でした。それに対して菊池の『文藝春秋』は巻頭にエッセイを並べました。これまで雑誌の玄関の巻頭論文を敬遠し、裏口の創作、小説から読んでいた読者は、玄関から迎え入れてくれる雑誌の出現に歓喜しました。営業的にも大成功を収めます。

記事のつくり方にしても、新機軸をいくつも打ち出しました。中でも目覚ましいものに座談会記事の創案があります。ジャーナリズムがイギリスにおこって三百年、いかなる雑誌も、座談会を記事にして掲載しようとしたことはかってなかったのです。

それを『文藝春秋』はやってのけました。発明です。すばらしいアイディアでした。

菊池寛自身、自分の企画力、アイディアについて深く自負するところがあったようです。

座談会記事がたちまち広まって、新聞も雑誌もさかんにこれをのせるようになりました。菊池は、ただ、せっかく新しいことを始めても、いいとなると、みんながまねしてしまって、なんとなくおもしろくない、というような感想を洩らすだけでした。いまでは座談会というものが、活字になったのは菊池寛の『文藝春秋』のが始まりであることさえほとんど忘れられています。

菊池寛は本当の意味でのアイディアマンの先覚者として、独創、発明の喜びとともに悲哀も味わったはずです。

アイディアを生む〝ウォント〟

――思いつきのよい人、アイディアの豊かな人、おもしろい発想をする人など、いろいろ新しい考えを生み出す人がいますが、仕事とは違って、いつ、どこでも、時間をかければ、得られるというわけにはいきません。それが泣きどころというわけです。

こうすれば、こういう状態ならば妙案が生まれるという公式的条件のようなものはないのでしょうか。

古来、もっとも議論のあるところですが、こうすればかならず結果が出る、という因果関係とならないところが、それこそ泣きどころです。

それでよりよく、望ましい状況はなにかということになります。こうすれば、かならず名案、発明があらわれる、というのであれば、アイディアの価値はずっと下がるでしょう。

つねに偶然に左右されるのがアイディアの生産です。その偶然をなるべく小さくし、成功の確率を高くするために、いろいろな人がアイディアの生み出し方について考えてきました。

しかし、やはり不確定の要素がかなり大きいのが実情です。これが知識の習得などと根本的に異なるところです。そして、その不可知の偶然を超意志的なインスピレーションに求めようとするのが普通です。

——前にエジソンの九十九パーセントのパースピレーション（汗＝努力）と一パーセントのインスピレーション（霊感）という話をうかがいました。エジソン流でいきますと、偶然の要素は一パーセント、あとは努力しだいということになりますが……。

英語に〝必要は発明の母なり〟（Necessity is the mother of invention.）という有名なことばがあります。

必要のあるところに発明は生まれる、言い換えれば、必要のないところでは発明は生まれ得ない、ということです。

文科系の大学生は、卒業論文を書く段になるまで、ほとんどアイディア、考え、思いつきということを意識したことがありません。勉強するのには格別の発明は不要です。ただひたすら与えられたものを吸収、理解すればよいからです。

そういう学生だけでなく、学校で学ぶものはだいたいにおいてアイディア力が充分発達していません。知識、技術の習得にはただ反復、習熟、そして記憶あるのみです。考える必要はほとんどない。したがってアイディア、発明、発見とは無縁ということになります。

必要は発明の母なり。これでけっこうですが、もっと適切な言い方があります。その方がアイディア生産の条件をよりうまくあらわすことができるように思います。

――新しいアイディアですか。

それほど大げさなことではありませんが、〝必要〟というのを少し変えるのです。〝ウォントは発明の母なり〟(Want is the mother of invention.) とします。

〝ウォント〟がひっかかりますが、あえて、外国語にするにはわけがあります。〝必要〟より幅のある意味を持っているからです。

英語のウォントには三つの意味があります。一つが〝欲求〟、二つ目が〝欠乏、欠如〟、三番目が〝必要〟です。

必要はただ求められているということになりますが、ウォントですと、求める姿勢があることがはっきりします。

ついで、求めるものが、欠けている、ないことを意識するのもウォントです。

そして、必要性ということになります。

この三つのいずれかの一つ、あるいは二つ、ときには三つあれば、発明の条件になります。充分条件であり得ないことはすでに述べてきたところからも明らかでしょう。求める気持ち、欠如しているという自覚、必要性の認識――これらがあれば、アイディアの生まれる条件がととのったことになります。

ウォントということばにこだわるのなら、アイディアはまさに〝ウォンテッド〟（wanted）つまり、お尋ねものということになります。さがさない犯人がとらえられないと同じように、とらえようとしないアイディアがつかまるはずはありません。

欠如、欠乏が条件であるという点ですが、だいたいにおいて、もの知り、知識の豊かな人は、欠乏感をいだくことが少ないから、大知識と言われる人でアイディアに乏しいことが少なくありません。

逆にあまり学問がなく、知識にも欠けているような人は、なにからなにまでわからないことずくめであり、それだけ発明への迫力も大きくなります。古来、どちらかというと教養の乏しいような人がおどろくべき大きな発明をしたりするということがいくつもおこっています。

――具体例はありませんか。

そうですね。一九一五年のことです。サンフランシスコで万国博覧会がありました。そこへ日本のある紙業メーカーが紙テープを持ち込みました。荷物のつめものに使うテープでした。それがまったく売れません。山と積まれたテープをどうするか、業者は途方にくれたそうです。

そのとき、サンフランシスコに住んでいた一人の日本人がアイディアをつかみました。これを、船に乗って出港する人と別れるときに使えるのではないかというのです。「テープで別れの握手をしましょう」というキャンペーンをしたのです。

すると、テープはどんどん売れて、万博の滞貨はみごと完売になりました。それから船上の人とテープの別れをするのが世界的に流行することになったのです。ウォントの生んだアイディアの例です。

――なるほど、必要にせまられなければ思いつきませんね。

大学生が論文のテーマを求めるのも〝必要〟になりますが、企業などで、営業の成績をあげ他との競争に負けまいとするのも、必要と見てよいでしょう。

企業競争がはげしくなるにつれてアイディア商品を求める欲求が高まり、新しいものを考えることも生産的だという見方がふえてきました。製品で勝負するのが、アイディアで勝負することになりつつあると言ってもよいかもしれません。

産業界においては新しい考えにもとづく新製品の開発にこれほど熱心であったことはかつてなかったでしょう。

――金もうけのためのアイディアですか。

もともと発見はともかく、発明というのは、一攫千金を夢見る人たちによって生まれたものが少なくありません。それが発明家と言われる人たちへの評価にも影響しています。

しかし、経済的利益というのがアイディア生産のよき刺激剤であることを見落してはなりません。

大きな利益をあげるのは結果であってそれだけを目的にすべての発明がなされるわけではないことは、頭に入れておく必要があります。実際、イギリスにおいて、世界に先がけて、特許制度をこしらえて、発明者の利益を保証したことが、その後の大発明、大発見の呼び水になりました。

イギリスの産業革命は、十八世紀の知的所有権の公認という土台の上に立っていると言っても過言ではありません。

これまで外国の技術を習得し、これによって安価に製造するということで発展してきたわが国では、学習、模倣を当然のことのように考えてきました。アイディア尊重の観念が未熟でした。

グローバル化した産業経済、個性的差別化の求められる自由競争経済の時代を迎えて、ようやく、知的財産というものの価値が広く認められるようになったというわけです。

主として、企業、製造業、宣伝広告、販売業などで優秀なアイディアを求める気運はかつてなく高まっています。

ただ、伝統的教育を多く受けた人たちは、アイディア生産の訓練も受けていないところから、漠然とした不安をいだいているのが実情でしょう。

アイディアと模倣

——人の考えをまねるのは、それが価値ある考えである場合、ものをとるのと同じことになりませんか。

それはアイディアを価値あるものと見るかどうかによります。人がちょっとおもしろいことを言ったのを聞いて自分の思いついたことのようにしゃべっても、ものをとったとは言えないでしょう。

しかし、経済的に価値のあるアイディア、発明を無断で模倣すれば、いまは違法行為になり、処罰されます。

そういう価値のある考え、考案、発明、技術などを知的所有物と言い、それを持っている人に知的所有権が認められます。普通、所有権は、土地、金銭、物品に対して認められるのですが、工業的、産業的、経済的に価値のある考え、技術、アイディアは物品に準ずる扱いをして無形財産と呼びます。これは法律で保護されるようになっています。

しかし、いまなお、無形財産、知的所有物についての一般の認識は、ことに日本のように近代になって発達した社会では不充分です。それが、すぐれたアイディアのあらわれるのを阻んでいるのです。

――アイディアに所有権を認めるのは進化した社会ということですね。

日本にこんな話があります。明治の初めに臥雲辰致《がうんたっち》という信州の宗門出身の人がいました。彼はガラ紡という優秀な紡績機械を考案しました。水車を動力として機械を動かし、ガラガラという音をたてるので、ガラ紡という名がつけられました。大きな発明として知られ、全国にガラ紡は広まったのですが、考え出した臥雲はまったく報いられることがありませんでした。人々は勝手に機械をつくって商売をしたのです。臥雲は不遇のうちに一生をすごしたと言われます。発明のためにかけた金すら回収できなかったと言います。

さすがに世間も、これではいけないと思ったのでしょう。この〝事件〟をきっかけに、明治十八年、ようやく特許制度ができることになりました。専売特許条例が制定されたのです。初代の専売特許所長は高橋是清でした。これで欧米なみの制度ができたと識者は喜んだと言います。

――外国はどうなのですか。

もっとも早く新案、発明を法律で保護することを考えたのはイギリスです。

一六二四年、特許制度ができ「真実かつ最初の発明者」に限って特許権が与えられることになりました。それから百年後におこったイギリスの産業革命はこの特許制度によって、新しい技術、発明が続々と生まれ出た結果であると見られます。

アイディアの保護は新しい発明を奨励するもっとも有効な方法であるのははっきりしています。イギリスが世界に先がけて工業化したのは偶然ではなかったのです。

フランス、ドイツなどヨーロッパ諸国、そしてアメリカも、イギリスよりは遅れることにはなりましたが、それぞれ十九世紀なかごろまでには特許制を制定しています。

日本も前述のように十九世紀の終わりには制度をこしらえているのですから、とくに遅れたというわけではありません。ただ、イギリスなどは純粋に発明を保護しようという動機がはっきりしているのに対して、日本の制度は、列国に遅れをとらないように体制を整え、富国強兵に結びつけようとする政策的性格の強いのが大きな違いです。

社会一般に、独創、発明、発見に対する尊重の精神が充分でないことをも反映しています。いまだに、特許権侵害で巨額の制裁金を支払うケースがあとを絶たないのも偶然とは言えないでしょう。

——アイディア尊重というのが、そういうところにまで及ぶとは知りませんでした。ただ尊重するというのではなく、有償で使用するところが重要です。アイディアはタダといまでも思っている人が少なくない社会では、アイディアはなかなか正当な評価を受けにくいということですね。

アイディアが物質的にも報いられる社会でないと、アイディアは本当には尊重されにくいでしょう。

アイディアを本当に大切にする風土の中でもっともすぐれたアイディア発明が生まれやすいということを、アイディアの先進国、イギリスの歴史はわれわれわれに暗示しているように思われます。

イギリスが、ノーベル賞の受賞者を多く出してきたのも、おどろくような大発見、大発明が多いのも、考えてみれば偶然ではなくて、当然のことと言うべきかもしれません。

「プロ的アイディア」「アマ的アイディア」とは

――初めから新しいものをつくろう、新しいことを考えようというはっきりした意図や目的を持つこともありますが、それほど具体的な目標を持つことなしに考えるアイディアもあるように思いますが。

実際的目的を持って生まれたアイディアが発明になるのですが、そうではない、しかし、実際的な仕事になるアイディアがたくさんあります。近年、ことにふえていると言ってよいでしょうが、これはプロフェッショナルなアイディアです。

企業や自治体などでもいまは企画課という部署のあるところが少なくありません。これはアイディアを生み出す部局です。何人もいて知恵をしぼればよいアイディアが生まれるだろうというのです。

これらは業務としてはたらいてアイディアをつくり上げるわけで、プロのアイディアマンの組織というわけです。よいアイディアをつくり出すのが職務ですけれども、アイディアはものづくりのようなわけにはいきませんから、時間をかけ、努力をするだけではうまくいきません。アイディア作成を職務にすること自体が無理なのかもしれません。

ん。いついつまで、こういうプランを立てよと言われても、実際にはその通りにならないことが多いでしょう。

しかたがありませんから企画課は看板をおろして、企画を外部へ委託、発注します。企画制作、プランニング、シンクタンク、研究所などが、企画立案の代行をすることになります。これは企画課のプロよりもう一つ上のプロですが、やはりプロです。こういう人たちでも、つねに名案、妙案が出るわけではありません。そういう機関や組織の企画もかならずしも上々のものとはいかないことが少なくありません。

本当のアイディアにはめぐまれなくても、なんとか人目をひくようなモノ、コトを考え出さないとプロは成り立っていかない。苦しまぎれに、ことばづくり、キャッチフレーズづくりに心を砕くことになります。

ことばだって本当のアイディアを持ったものはなかなか得られません。しかたなく、カタカナのことばを考えます。もともと、カタカナはあいまいで、イメージを付与しやすいものですから、古くから、流行、ファッション、高級品の名前にはカタカナ、外来語が多く使われてきました。そういう、新しいカタカナことばを考え出すのが、かなり多くのプロのアイディアマンの仕事になっているのが実情ではないでしょうか。

――いくら考えてもいい案が出なくて、外部の人がふと思いついた名前が当たって、アイディア商品になったという話はよく聞きます。

なにしろ、アイディアは気まぐれものですから、正攻法でいっても、うまく落ちてくれません。偶然の要素が大きいのです。

霊感説がいつまでも根づよく信奉されるのもそのせいでしょう。アイディアはプロの仕事とするのは無理かもしれないのですが、競争のはげしい社会では、いつあらわれるか知れない偶然を待ってはいられません。なにがなんでもアイディアをつくり上げよう、でなければ、でっち上げようとなります。そして、ますますアイディアの価値を高めるのです。そこから、アイディアのためにアイディアを求める、アマチュア的アイディアマンも生まれてくるのですからおもしろいものです。

――アマチュア的というところがよくわかりません。

アマチュア的というのはスポーツ的と言い換えてもいいでしょう。

――アマチュア・スポーツですね。

スポーツというのは、運動すること自体を目的としています。健康のためというのは本来のスポーツではありません。元来、スポーツは無目的的でなくてはいけません。ほかの利益や目標を持てばスポーツではなくなります。金を目的にしたプロ・スポーツは純正スポーツではないことになります。利益を得るために試合をするからです。

スポーツはアマチュア・スポーツが本来の姿ですが、世界的に商業主義が強まってきますとアマチュア性が失われ出します。アマチュア・スポーツの祭典であるオリンピックですらかなりコマーシャリズムに侵されてきました。

アイディアについても、いくらかこれに通じるところが認められます。はっきり言えば、経済的利得を念頭においてアイディアを生み出す、プロ的アイディアが急速に勢力をのばしています。

それがいけないわけではありませんが、アマチュア・スポーツ的なアイディアの重要性を見落すべきではないと思います。アマチュア的とは、なんら実際的な利益を目指すことなしに、ただ、新しいこと、新しいものを考え、つくり上げるのを喜ぶのです。結果に興味があるというより、新しいことを考え出すプロセス、それ自体がおもしろくてする工夫、着想、試行がアマチュアのアイディアです。それがもっとさかんであってよいのではないでしょうか。

――頭の体操ですね。

ただ頭を動かし、はたらかせるのではなく、新しい考えを生み出すのをスポーツのようにするのです。それがアマチュアのアイディアマンです。これは職業にかかわりなく、すべての人が、いつどこでも、道具もいらずにできる頭のスポーツで、おそらく人間にのみ許されるゼイタクだと言ってよいでしょう。

——プロのアイディアとアマのアイディアの違いはどこですか。

プロははっきり経済的、社会的利益をねらった創造で、アマのアイディアは、そういう目的を持たず生活的に発想をするところが異なります。ただ、アイディアを生むという点においては違いはありません。野球の下手な人がプロ野球の選手になれないと同じように、プロのアイディアマンになるには、アマのアイディアマンの実績がなくてはならないはずですが……。

――スポーツとしてのアイディア術ともいうべきものの基本がわかっていないのではないでしょうか、多くの人は。

アイディア術ということばはいただけませんが、アイディアを生み出すとはどういうことか、だれもこれを教えてくれませんから、偶然に、苦しみ苦しみながら、少数の人がアイディアに挑戦しているのが実情ですね。

――この本は、アイディアのハウ・ツーを教えるというので、「アイディアのレッスン」というくらいです。

アイディアづくりにおいても、日本は外国にまけてはいられません。みんなもっとアイディアを大切にし、たくさんのアイディアを生み出すべきです。もちろん、人のアイディアを盗用するなどということがいかに恥ずかしいものかも、よくわきまえなくてはなりません。コピーキャット（人まね）と名ざしで呼ばれるなどということは、たいへんな不名誉なことです。アイディアを生む力を持った人間ならそう考えるのが当然です。思いつきか、といってバカにするような風潮も一掃しなくてはならないでしょう。

アイディアというスポーツの基本的条件とルールを明らかにして、知識人の向こうを張る思考人の多くなることを期待するのが、本書の意図するところです。

アイディアはいたるところにかくれている

――アマチュア的アイディアというものについて、もう少しくわしくお話しいただけませんか。

人間生活のいたるところにアイディアが眠っていると言ってもよいでしょう。ただ、だれもそれをアイディアと思わないだけのことです。その気になって見れば、思いもかけないところにアイディアがかくれています。かくれアイディアですね。

――たとえば？

卑近なところでは子どもの命名があります。親は少しでもよい名をわが子につけてやりたいとあれこれ考えます。よいアイディアをとらえて、それによって命名しようとはっきり自覚していることはまれですが、命名はりっぱにアイディアです。自分によい考えがないと、尊敬、信頼する先輩などに名付けの親になってもらうこともありますが、このごろは親が凝った名前をつけるのが普通です。

近年、女の子の名前に大きな変化がおこりました。だれだかわかりませんが、女の子の名前に新しいアイディアを持ち込んだ結果です。長い間、女の子の名は、小さく細いものを象徴、暗示する音の組み合わせでつくられていました。ユキ（幸、雪）子、キミ（君）子、ユリ（百合、由利）子のように、五十音でいうと、イ列、ウ列の音の組み合わせ、ローマ字であらわすと、yuki、kimi、yuri、のように、[i]と[u]の多い名前が主流を占めていました。

それが四十年くらい前から変わり始めて、イ列、ウ列に代ってア列（アカサタナハマヤラワ）が優勢になりました。さやか、あや、かな、のようにア列の音だけを結んで名前にします。かつては考えられなかった命名ですが、これによって、大らかに明るいイメージを伝えることができるようになりました。一つの発見だったと言えます。もっともその結果が、バーとか喫茶店の名のようなものがふえましたけれども、もともと、そういう店の名は少しでもいい感じを与えるようにと考えられたアイディア・ネームだったわけですから、似通って当然でしょう。

——なるほど、アイディアですか。

それだけでなくもう一つ、新しい考えをとり入れました。女の子の名も漢字にするのですが、意味をすててしまって、音だけを生かした命名にしました。かつてなら操子という意味をふくんだ名前にするところを、美沙子、弓子を由美子、桜子を佐久良子、文（アヤ）子を阿也子とする類いです。漢字を仮名として用いるのを古く万葉仮名といいました。それに倣って、こういう漢字の用法を昭和平成仮名と呼ぶ人もあります。やはりアイディアの生み出したものです。

――名前と言えば、綽名《あだな》があります。

そうそう、綽名もすべてアイディアによってつけられると言ってもよいでしょう。学校の生徒はたいていの先生にアイディア名を奉って、それで呼ぶことで親愛の情を示します。どうも虫が好かん、というので生徒は先生にナフタリンという名をつけた。顔の長い先生はお馬さん、太い丸縁めがねをかけている先生は、たいていトンボになります。

度の強い眼鏡をかけているのがビン底先生と呼ばれます。眼鏡を横から見ると、ビンの底のようだというのです。どこかどん底に通じるところを持っているのがおもしろい。

子どもはこういう点では天成のアイディアマンであると言ってよいでしょう。うまい綽名をつけた子どもたちは小さいながら発見の喜びを味わっているはずです。

――日常生活についてはアイディアはあまり見られないように感じますが……。

そんなことはありません。たとえば、もっとも日常的な食べものについてもアイディアはごろごろしています。昔のイギリスで、かけごとの好きなサンドイッチ伯爵という人がゲームを中断しないで食事ができないかと考えた末、片手で食べられるサンドイッチを考え出したというのは目ざましいアイディアの例ですが、ほかにも食べものの工夫はいくらでもあります。パンの中にアンを入れてアンパンをこしらえたのも日本人の名案でしたし、野菜と牛肉をいっしょに煮るスキ焼きを考えたのも日本人のアイディアです。近くは、醤油をつけて肉を焼くことを考えついて、アメリカへも渡っています。

食べものそのものではないですが、包装の工夫があります。おにぎりの海苔をご飯にじかにつかないよう乾いたままにして包装し、食べるときに乾いた外の海苔をまいて食べるというアイディアは、たいした発明で、韓国に渡って向こうでおにぎりブームをおこしたと言われます。

おしるこに、サンショの実の漬けたのを添えるのもおもしろい工夫です。あのグロテスクなナマコを最初に食べた人は勇気がある、と言われますが、勇気というよりは、アイディアが豊かだったから食べたのだと思います。

主婦は、今夜のおかずをなににしようかと考えながら買いものに出かけます。野菜や魚、肉などを見ていて、なにとなにとを組み合わせるかのプランを練ります。アイディアをはたらかせているのです。それがうまくいかないと、テレビの料理番組のアイディアをまるまる借りて、料理をつくることになりますが、これだと、うまくできても、自分で考案した料理ほどの張り合いはないでしょう。それでも、うまかったとほめられると、また、新しい料理を考えようと思うようになります。家庭料理というのはすべてこれまでの主婦のアイディアの結晶であると言っても過言ではありません。

――ファッションのスタイルも考えてつくり出されるものでしょう。ただ、人のまねをしているだけでなくて自分でうまく着こなしている人を見ると、センスがいいなと思いますが、アイディアのセンスがすぐれているのですね。

料理とまったく同じで、とり合わせは、アイディアの生命ですから、チグハグなのはアイディアの乏しい証拠で、アンサンブルがまとまりを持って訴えるのは、そこに美の発見がひそんでいるからです。

古い話ですが、イギリスで、雨の中を歩いている紳士が、ズボンの裾がぬれないように端を折った。家の中へ入ってそれをおろすのを忘れていたのを見た人が、裾を折りまげるのはいいものだと気がついて、折りまげる様式が始まったと言われます。これもアイディアでしょう。

ボタンというものは衣服をとめ合わせるものですが、紳士服のボタンのようにかけないでいることが少なくありません。かけないのなら無用のボタンです。なくしてしまえばいいのに、ボタンがあった方が落着く、そういう無用の用を思いついて、使わないボタン、飾りボタンをたくさんつけることが当たり前になりました。初めはボタンの機能についての新案があったからです。

　ホクロなんかない方がいいにきまっていると考えられますが、それを、わざと顔につける〝つけボクロ〟に美容効果があることを思いついたのもアイディアです。

　こうして考えてみますと、生活のいたるところにアイディアの結晶がころがっていることがわかります。もとのことを始めた人は、発明はもちろん、思いつきをしたとすら思わなかったに違いありません。

　われわれ人間の生活はこういうかくれアイディアによってどんなに豊かになってきたかわかりません。

ユーモア・冗談

——アイディアは発明、発見のもとになるものですから、人間にとって学術、思考上の価値、ときに経済上の価値を持つことはわかりましたが、実際的価値を目指していないアマチュア的アイディアと言われるものの中にも、無用の用を果たしているものがあるのではないでしょうか。よく、おもしろいアイディアと言いますが。

ありますとも。いわゆる役には立ちませんが、おもしろさをつくり出します。笑いを呼ぶアイディアがそれです。アイディアはおもしろいと言いますが、アイディアそのものがおもしろいというのではなく、アイディアがおもしろく感じられ、笑いをひきおこす力を持っているということです。

いちばんいい例はユーモアでしょう。

ユーモアはアイディアで成立し、アイディアでおもしろくなっています。アイディアのないものは笑えません。事実だけ、知識だけではおもしろくもおかしくもないことでも、アイディアが加わると、一変、おもしろく、ときには、おかしくなります。そのアイディアを解しない野暮天には、笑うことができません。

ずいぶん古い話になりますが、第一次世界大戦後のこと、イギリスが深刻な不況にあえいでいたときです。大経済学者ケインズの意見を聞こうというので記者たちが、博士をかこみました。冒頭、記者団の持ち出したのが、

「長い目で見て、(In the long run) われわれは、どうなるのでしょうか (what are we going to be ?)」

でした。ケインズ先生、少しもさわがず、おもむろに口をひらきました。

「長い目で見れば (In the long run) われわれはみんな死んでいます (we are all dead.)」

先々の景気のことなど、神様だってわからないでしょう。そんなこ

と答えられるわけがありません。ノーコメント、としてもよいところを、「長い目で見て」と「われわれがどうなっているか」を、経済のことではなく、人間の命へ切りかえれば、「われわれ（の経済）はどうなるのでしょうか」という問いは、「われわれ（の命）はどうなるでしょうか」に転換することができます。長い目で見れば、人はみな死ぬ。なんとなくそれで経済の先行きを暗示しました。心にくいアイディアです。

これを聞いて記者たち、どっと笑って、問題を忘れたそうです。その中にドイツ人の特派員がいて、われわれは、そんな冗談を聞きにきたわけではない。真面目に答えないのはけしからん、と言って怒りました。それを聞いたイギリスの記者たちが、ユーモアを解さないのはあわれだと笑ったそうです。

——冗談もアイディアですか。

ことばをひとひねりしてみます。すると、なんでもないことがおもしろくなります。アイディアの効用というものでしょう。

ある人が出張に出ようとしているのに、会議がのびて、予定している列車に乗れそうもなくなりました。

「もう〝ひかり〟でも間に合わない!」

そばにいた人が

「まだ、〝のぞみ〟がある」

と言って、さきの人が
「まだ、のぞみはあるか」

と応じました。ここにも小さいながらアイディアがはたらいています。それがおかしみを出します。

列車の愛称を利用して、まだ、なんとかなる、ということを言いあらわすのは、ことばの工夫です。それを一瞬のうちに思いつく、聞いた人はまた立ちどころに、その心をときます。それがおもしろさに通じます。

人間は、日常でも、アイディアを使うように生まれついているのでしょうが、感度がにぶいと、ユーモアもおもしろくなりません。

――どういう人がユーモアを解しないのでしょうか。

子どもは正直です。いろいろな考え方をすることができませんから、一部の駄洒落は別としてユーモアというものは、まず、わからないとされています。それと、このごろは、そうではありませんが、女の人には冗談が通じない。冗談を真に受けて腹を立てる、などと言われたものです。知的洗練の度合いが低ければ、子どもに限らず、ユーモアは苦手になるでしょう。

純粋で、直線的、ものごとにとらわれ勝ちな人間は、ユーモアのセンスを欠くことが多い。というのも、アイディアを生み出すには、自由で、とらわれない、おもしろさを追究する精神が必要だからです。

しゃれた社会、世なれた人たちの間では、ユーモアの豊かな人間が喜ばれるのは、知識の習得に比べてアイディアの生成はより成熟した生活感覚を前提としているからでしょう。

外国語で冗談を言うことのできるのはごくまれなケースです。新聞の論説ならわかっても風刺漫画を笑うことがむずかしいのも外国人のかなしさです。論説は論理さえしっかりしていれば書くことができるが、コントは情報だけではつくることができません。読んでもおもしろくないでしょう。

――ユーモア、冗談がアイディアだとするとパロディなどもそうなりますが……。

もとのものをすこし変え、ひねる、からかったりするのに、理屈ではなく、考え方、工夫を加えるとパロディが生まれます。これは高尚なものを卑俗なものへ引きおろすことでおかしみを出します。

評論家の樋口恵子氏があるとき、

老婆は一日にしてならず

という名句、迷句をつくって、評判になったことがあります。もちろん、

ローマは一日にしてならず

をもじったものです。ローマと老婆の音が近似していることに目をつけて、老婆の歴史をにおわせたところがミソ。高齢化社会の問題をこれでおもしろく感じさせることができました。

いわゆる議論では、爆笑を受けることはできません。アイディアの勝利です。

パロディといえばこんな例もあります。

秋深き隣は何をする人ぞ　　芭蕉

という有名な句があります。それをある人が、

秋深き隣は小便ながき人　　読み人知らず

とまぜかえしました。

人生的寂しさをたたえた原句の趣きを一転、通俗、卑近な世界へひきおろしました。公衆トイレなどで並んで用を足しているのだが、隣は、お年のせいか、なかなか終わりません。それを、芭蕉の句を下敷きにして見ると、新しいおもしろさが、おかしさが生まれる。やはりアイディアによります。

そういえば、俳句、古くは俳諧といったものは渋い諧謔《かいぎゃく》、おかし味

をいのちとしていますが、その諧謔のよって来たるところは、これまで述べたように、アイディアであるものと思われます。

つまり、俳句は、少なくとも歴史的には、諧謔の詩であったことになります。その諧謔がユーモア的アイディアによってつくり出されているとすれば、俳句はアイディアのかたまりのようなものになります。

――このごろ女性がさかんに俳句をつくります。さきほど女性はユーモア、つまりアイディアに弱いということでしたが、これはどういうわけでしょうか。

女性が知的に成熟したということでしょう。しかし、女性俳句を見ていると、どちらかというと、人生的で、写生的、まじめで散文的な傾向が強いように思われます。もっともこれもやがて変わるかもしれません。俳句はまずアイディアがいのち、ということさえわかれば諧謔の詩人になることができます。

俳句だけではなく、川柳、ことわざなども、アイディアで生きています。だから、おもしろくなるというところが重要です。アイディアはおもしろさの素というわけです。現代人が俳句、川柳などに強い関心をいだくのは、短詩型文芸がアイディアによって短いことばながら独立、自立しているからで、それだけ、人々はおもしろさを強く求めていることになります。

それはとりもなおさず、アイディアの重要性を認めることにつながるはずです。人間いたるところアイディアありですね。

アイディアはところを選ぶ

――いつどうしてあらわれるかわからないのがアイディアであるのはわかりましたが、アイディアはどういうところをもっとも好むでしょうか。

もっとも、と言われると困りますが、偶然あらわれるように見えても、注意していると法則性のようなもののあることがわかります。

比較的よくアイディアが出てくるところ、場合というものがあるようです。勝負師や相場師はよく縁起をかつぎますが、アイディアを追い求めている人間も、いくらか迷信的になるかもしれません。

たとえば、机に向かって、黙思熟考するよりは、歩いているときの方がよく、同じ歩くのでも、ゆるやかな坂道の方がいい。そういうことをカツグ人はヨーロッパにもいます。

同じ本を読むにしても、当面の問題と縁のないようなものの方が着想を引き出すきっかけになることが多いということも多くの人が経験で感じて知っています。

別にヒントになるというわけでなく、頭に伴走者のようなものをつける読書があります。ある批評家は、頭がごたごたして考えがまとまらないと、寺田寅彦を読むことにしていると書いています。直接なにかを与えられるのではなく、それによって、頭の中で、バラバラになっているものが結び合ったりすることがあるのです。ペースメーカーというよりも触媒作用を持った読書と言うことができるでしょう。

——いつもいるところでない方がよいと言う人がいます。作家が自分の家ではなく、山の中の旅館などで執筆することが少なくありませんが……。

一種の転地です。ほかの土地へ行くと病気がよくなるということは実際にもありますが、頭にも転地の効果はあるでしょう。

イギリスのヴァーノン・リーという女流作家は、地霊というものがあって、それが創造性を高めると信じていました。そうして各国を遍歴し、ユニークな仕事を遺しました。

日本でも、昔の人が文学的発想を誘発してくれる所を大切にして、歌枕というものができました。芭蕉の『奥の細道』なども、歌枕にひかれた旅であったことになります。江戸にいては湧いてこない詩情を連想の豊かな土地にふれることでとらえたのだと考えられます。朝永振一郎博士は、自分の理論のもとになるものは、留学研究先にあるとして、それを〝コペンハーゲンの霧〟と呼んでいます。目に見えない空気に刺激されて新しいことを考えたのでしょう。雰囲気が独想を生み出すのを認めていたのです。

――しかし転地は実際になかなか容易ではありません。ぜいたくです。

考えようによっては散歩だって転地でないこともありません。歩くことならだれにでもできるはずです。西欧では哲学者などが、散歩を日課としている例が少なくありませんが、転地効果を考えるなら、カントのように毎日同じ時刻に同じところを通るというような固定はおもしろくないでしょう。日によって、違ったコースを歩いた方がおもしろい。

しかし、どこでもいいわけではありません。ごみごみしたところは避けた方がよいでしょう。気分爽快、精神高揚というよいところを歩くと、アイディアが生まれやすいにちがいありません。めいめいにとって、歌枕ならぬアイディア枕というものがあってもおかしくはないでしょう。

――マラソンなどでも独走になるより、ライバルがいた方がよいと言われます。それがいなければ、ペースメーカー、伴走者をつくります。ものごとを考えるにも、一人より、みんなといっしょ、という方がよいのではないでしょうか。

日本では、どちらかというと、個人プレーで独思独想のダルマ型が多かったように思われますが、欧米ではむしろグループ連動型とも言うべきものが発達しています。共同研究でりっぱな成果をあげます。ことに大きなプロジェクトチームをつくるのでなくて、ほんの数人、ときには、二人の対話から大きなヒント、発明をすることもまれではありません。

――日本人はそういう知的協同というのが下手なのですか。

下手ということはないでしょうが、人づき合いのよくない人では、ほかの人といっしょに新しいことを考えるなどということを初めから考えないでしょう。

しかし、グループ思考は大切です。日本人の気質に合うのは、お山の大将になれるグループ、仲間をつくって、そこで、思っていることを、存分に、だれにも遠慮せずに、しゃべるのです。自分でもびっくりするようなアイディアが飛び出して来ます。

緊張する集まりではいけません。シンポジウムなどは固苦しくて肩がこりますから、発明や発見につながることはまずありません。それに対して座談会というのはおもしろい。みんなめいめいお山の大将のような気になって、勝手なことをしゃべっていて、思いもかけない新しいことを口に出すことがあります。座談会はアイディアが飛びかったときがもっともおもしろいのです。

――二人で話し合うというのはどうですか。

聞き上手な人と相対するのが最高です。いちいち反論するような相手はいけません。感心してくれる聞き手があれば、それにまさる状況はないと言ってよいでしょう。話している方が調子に乗って、それまで考えたこともないような考えがポンポン飛び出すようであればしめたものです。

――そういう人はめったにいないでしょう。

気心の知れた人、そして専門や仕事のちがう人を食事に招いて、ごちそうするのです。そうすれば、たいていお山の大将になれます。少しアルコールなどを入れた方が効果的でしょう。会食歓談ですが、初めから、ゴシップめいたものを一切排除しないといけません。共通の知人、関係者の名前が出ればかならず噂話やゴシップになります。アイディアを生む談話は閑話、清談でなくてはなりません。主語、キーワードは抽象的思考であり、動詞は現在形にします。

ゴシップでは過去の動詞を使います。かりにひょうたんからコマが出ても、ゴシップからアイディアは生まれることはまずありません。

＊

ここまででアイディアというもののおおまかな形をつかんでいただけたかと思います。これで基礎的な話は終わりです。次章以降、アイディアのルールや、アイディアのつくり方といった、具体的な方法を紹介していきます。そちらへお進みください。

Ⅱ　アイディアのルール

レッスンはここからが本番です。まず、アイディアとはどのようなときに生まれてくるものなのでしょうか。残念ながら「必ず、このときに」という法則はありません。しかし、過去の例をひもといてみると、こういうケースでは「生まれやすい」といういくつかの共通点が見えてきます。

いつ、どこから生まれるか

歩いているとき、眠っているとき……

アイディアはいったいどこから生まれるのか。アメリカのL・L・ホワイトという人が『探究』という本の中で、

「ずっと考えていて、いささか疲れる。それでしばらく忘れるともなく忘れていると、突然、さっとアイディアがひらめく。考えてもいな

い、思いもかけぬときにひょっこりあらわれるのだ。神からの授かりものであるかのようだ。すべての着想がそうだと言うのではないが、実に多くのアイディアがそうである。ことに重要な着想にはこういうのが多い……」と述べている。説明がつかないから、神秘的だと考えているのである。

実際、アイディアはいつあらわれるかわからないから厄介である。考えに考えてもなにも出てこないことが多いのに、思いもよらないときに、ひょっこり飛び出してくる。予想ができない。偶然のように思われる。インスピレーションはひらめきである。アイディアはインスピレーションによって生まれる。あらかじめ計画することはできない。それで古来いわば伝説的な話が伝えられている。

作曲家のワグナーは自身が語っているところによると、思いがけない奇蹟のように楽想が浮かんだという。

〝ニーベルンゲンの指環〟のテーマをあたためて数年、なんとか考えをまとめようと苦心したがうまくいかない。ところが、一八六三年九月四日、体調を崩して不眠、翌日は長い散歩をし、その午後、眠ろうとベッドに横になった。すると、奇蹟がおこった。半ば恍惚の状態におちいり、深い水底へ沈んでいくような気持ちになった。すると、それまで騒がしかった外のもの音が突如、頭の中で楽音に変じたというのである。

歩いて、眠ったのがよかったのであろうか。

フランスの数学者ポアンカレは珍しい経験を書きのこしている。

およそ半月の間、毎日机に向かって、何時間もぶっ続けに、いろいろな組み合わせを試みるが結果が出ない。そんな日のある晩、普段はしないのに、寝る前にブラックのコーヒーを飲んだ。そのせいか寝つかれないでいると、頭の中でたくさんの考えが踊りまわり、互いに衝突し始めた。そのうちに、偶然、二つのものが結合、安定した組み合わせになった。朝になって、ポアンカレは彼の函数論の一部が証明されたことを確信することができたというのである。

これとは違い夢の啓示による着想の例が、デカルトの有名なことば〝われ考う、故にわれあり〟である。

彼は長いこと、確実不動なものを求めて、本を読み、人の教えを乞うたりしたが、いずれも空しかった。ところが一六一九年一一月一〇日、夢の中で、求める絶対決定的なものが、自分の思考の中にあるという発見をした。われわれの国でも古来、〝夢のお告げ〟と言うが、まさにそれである。

ほかのことをしているとき

アイディアは意外なとき、思いもかけないところでひょっこり頭をもたげる。

さきのポアンカレは別の函数論についての発見について、馬車にのろうとして踏み段に足をかけたときとか、道路を渡ろうとしているときにインスピレーションが訪れたと言っている。

モーツァルトは玉突きをしているときに「魔笛」のメロディを思い

ついた。やはり作曲家のベルリオーズは水泳の飛び込みをして、水中から浮上してくるときに、久しくさがし求めていた楽章が自然に口をついて出た。

数学のウィリアム・ハミルトンは夫人とダブリンの街をぶらぶらしているときに発見をしたし、化学者のケクレはロンドンのバスの〝二階〟に乗っているとき、空中に原子が乱舞しているのを見て新しい理論を思いついた。

着想のクセを知った天才たちが、待ち伏せに成功した例も少なくない。ハイドンは多作で知られた大作曲家だが、「思うように考えがすすまないときは、仕事をやめ、ロザリオを持って祈禱堂へ入り、アベマリアの祈りを捧げると、たいていよい考えが浮かぶ」と告白している。

蒸気機関改良で知られるジェイムズ・ワットはゴルフのクラブハウスまで歩いていく途中でアイディアをつかんだし、ドイツの化学者ヘルムホルツは「すばらしい考えは、晴れた日にゆるやかな山の斜面を登っていくときによくあらわれる」と自己観察をしている。

イギリスの小説家ウォルター・スコットは果報は寝て待つタイプであった。むずかしいことがあると、「くよくよすることはない。明朝七時には解決しているさ」といったものだ。数学者のガウスもベッド派(?)で、ある発見の記録の表紙に「一八三五年一月二三日、朝七時起床前に発見」と書き入れた。

ギリシアのアルキメデスは入浴中に比重の原理を思いつき、ユーリーカ（見つけたり）と叫んで飛び出したと伝えられている。比重のヒントを入浴中に思いつくのは少し縁が深すぎるように思われるが、一般に、湯船の中ではいろいろなことをよく思いつくもののようである。

スリオという心理学者が「発明するためには、ほかのことを考えていなくてはいけない」と言っているのはおもしろい。クロード・ベルナールという生理・医学者は「自分の考えをあまり信頼しすぎると発見はできにくい」と述べ、さきにあげたL・L・ホワイトは「関心を広くしなくてはならない。専門主義はアイディアの不毛をまねく」と指摘している。

一つの考えにこりかたまってはいけない。別のことをしているときにアイディアは訪れやすい。

正攻法ではない

中国の昔、欧陽脩という人が、文案をねるのにもっとも適したところが三つある、と言って三上の説を立てた。三上とは、馬上、枕上、厠上である。いまなら通勤電車の中、寝ているとき、トイレの中、とでもなるであろう。いずれも机に向かっていたり、勉強したりしているときではないのが注目される。アイディアをと思ってもなかなか浮かんでこない。ムキになるのは賢明でないようである。ほかのことをしているとき、いくらか拘束を受けているときにアイディアは顔をのぞかせる。少し人見知りをし、はにかむかのように。

この三上の向こうを張って三中というのも考えられる。すなわち、夢中、散歩中、入浴中。さきにあげたデカルトの例はまさに夢の中での着想であるが、うつつでも、なにかほかのことを無我夢中でしているとき、ひょっこりあらわれるアイディアもある。散歩の間にアイディアをつかんだという話はヨーロッパにははなはだ多いが、散歩という習慣のなかったわが国では、達磨《だるま》、面壁九年の静思のタイプが多いようである。

モンテーニュは、「わたしの思想は歩かせないと眠る」と言っている。歩行中の思考は特別な意味を持っているのかもしれない。歩いて考えるのである。

入浴中がよいのは、アルキメデスの例でも明らかである。血のめぐりが普段と変わり頭に快い刺激があって、活発なはたらきをする。その勢いで思いもかけない考えがとび出してくる。やはり、考えることと別の状況にあるのがよいのであろう。

同じ〝最中〟でも、読書の最中は、入浴中、散歩中のようにはいかないのは、頭が忙しいからである。頭が考えることから解放され、体を動かしているところで、アイディアの活動はもっともさかんになるのであろう。

正面きって、アイディアよ、あらわれろ、などというのは野暮というもので、アイディアはそういう素朴な思考ではとらえられない。かえってかくれてしまう。いかにも忘れたようにしていると、アイディアは油断して、そっと姿をあらわす。一筋なわではいかない、くせ者である。

そこのところを心得ていないと、いくら考えても、名案に出会うことはむずかしい。

浮かんだらメモ

一度逃すと次はないと心得ること

アイディアはいつ、どこで、突然、飛び出してくるか知れない。そして、あっというまにまたどこかへ雲がくれしてしまう。ちょうど珍しいチョウチョウのようなものである。一度、逃してしまったら、いくら、あとで地団駄ふんでみても、あとの祭り、どうすることもできない。

そのために、あらわれたら、すかさずとらえてしまう捕虫網を用意しておく必要がある。アイディアの狩人はたいていメモ用紙を用意している。

メモというと誤解する人がいる。講演があると、熱心な聴衆は競うようにして、セッセと手帖などに書きつける。それをメモと言っているが、それとは違う。話を聞いてメモするのは不完全な速記である。息つくひまもなく話の要旨を書きとめていて、ろくに講師の顔も見なかったという人もいる。マスコミが、「熱心にメモをとっていました」などとやるから当人たちはいい気になる。なんでも手帖に書きこみ、メモ魔と言われて喜ぶのもおめでたい人間だ。

そういうのは、ここで言うメモとは縁もゆかりもない。

重ねて言うが、アイディアは、いつどこであらわれるか知れない。しかも、考えている最中でないことが多い。ほかのことをしているときである。そのとき、ひょいと、ひらめくように頭をかすめるのがアイディアである。

アイディアをとらえようとしたら、常住坐臥、寝てもさめても、来らば逃さじ、と準備の構えを怠ってはならない。その準備がメモというわけである。

イギリスのT・E・ヒュームという批評家はアイディアに富んだ人として知られていたが、大の座談好きで、人を見つけては、談論風発、とどまるところを知らない。ただ、ところどころで、話しやめると、ポケットから、はがき大の用紙をとり出し、なにやら、それに鉛筆で記入する。そしてまた話し続けるという風であった。

この紙片がメモ用紙だったのである。何故か、いつもポケットに入れていたという。若くして亡くなったが、あとに遺ったそういうカードを編集して『思索集』二巻が出版されたので、ヒュームのメモが有名になった。

ヒュームのははがき大だったと言われるが、少し大きすぎるかもしれない。もう少し小さい方が扱いやすい。

アイディアらしいものが浮かんだからといって、一から十まで書きとめる必要はないし、また、それは不可能である。ほんの要点だけを書きとめる。立っていたり、歩いていたりするところだから、文字が乱れやすく、あとで自分でも判読できなくて、困ることがある。一度、頭から消えたアイディアは永久に消えてしまう。

たえずメモがとれるようにしておくこと

メモをするにも要領がいる。長年していれば、それはおのずからわかる。

寝床に入っていても、妙案が浮かぶかもしれない。それどころか、散歩とともに、もっともよいアイディアの温床は、床中と言えるだろう。つまり、前の三上の枕上である。

アイディアを大切にする人は、夜の時間、あるいは朝目をさましたときを大切にする。部屋は暗くして寝るのが普通だから、はがき大でもカードに書きつけるというわけにはいかない。

いろいろな工夫がなされる。中でもおもしろいのは、ある研究者の方法である。その人は枕もとに大きな白い紙と3Bくらいの濃い鉛筆とを手のとどくところに置いて就寝する。夜中だろうと、朝うとうとしているときであろうと、なにか思いついたと思ったら、さっそく、ポイントをメモする。3Bの鉛筆は力を入れなくても書ける利点がある。白い大きな用紙は、暗がりの手さぐりでも、なんとか書くことができて便利だ。

ことに、朝、目がさめた直後、なお、半分は眠っているような時間はもっともアイディアの好む時間である。それだけに、ベッド・サイドのメモはたいへん有効である。

アルキメデスの例ではないが、入浴中も発想が活発である。しかし、場所が場所だけに、紙と鉛筆というわけにはいかない。上がってからあとで書きとめておこうなどと思っても、湯から上がってくると、もうアイディアのかけらも残っていない。いくら思い出そうとしても雲をつかむようで、たいへん、心もとない。それどころか、残念な気持ちがする。二度とあらわれないアイディアは、釣り落した魚よりも、もっとすばらしく大きかったように思われて、気が滅入る。

そういう苦い経験をかさねたからであろう。ある女流エッセイストは、浴室に、水にぬれても大丈夫という紙とペンを持ち込んだ。湯につかっていて、なにか思いついたら、時を移さず、それにメモするというのである。

人と話をして、相手がおもしろいことを言ったときも、その場で、メモしておかないと、消えてしまうけれども、こういうときに、メモするのは、新聞記者ならともかく、普通には慎まなくてはならない。また人のアイディアの横取りになってもまずい。

対談中、自分のことばに、思いがけない考えがあらわれたときでも、相手がごく親しい間柄だったら、ちょっと失礼してと言ってメモをしてもよいが、まず、普通は遠慮すべきものであろう。さきのヒュームなどはやはり奇行というべきか。

本を読んでいるときも、その本と直接に関係はないが、本に触発されて出てきた考えが浮かんだときにはメモする必要がある。ノートをとりながら読んでいる場合でも、そのノートに書き入れるのではなく、やはり、別の紙切れなどにメモするのがのぞましい。

メモを見返す、整理することが肝要

メモは紙片とはかぎらない。手帖もよい。現に手帖をアイディアのメモ用に使っている人も少なくない。

ただ、手帖の不便なところは、時間の順に並べてメモすることになり、あとで、その一部だけをとり出すときに思わぬ不都合がおこる。ノートはもっと不便。だいいち持ち歩くことがむずかしい。紙面が大きすぎて、まとまりがつきにくい。

アイディアはさきにも述べたが、考えている最中にあらわれることはむしろまれである。いったん考えるのを休み、ほかのことをしているときに、ぽっかり浮かび上がってくる習性を持っているらしい。それだけに、不意打ちにそなえた用意、準備が必要で、いちばんよいのが、この小さな紙片である。

メモしても、あとで吟味すると、なんでもないものだったりすることが少なくない。そういう場合も、紙切れなら惜気もなく捨てられる。手帖やノートではむずかしい。

せっかくとったメモである。あとで、しかるべきときに、見返して、整理することが大切である。メモだけとって、たくさんあるといって喜ぶというような単純なメモ信仰者にならないことである。メモをとること自体はたいしたことではない。そう思ってとったメモから案外、大きなアイディアが生まれるのである。

アイディアづくりには忘却が必要

頭の掃除をしないとアイディアはやってこない

たいていの人が、自分はよくものを忘れるというひそかな怖れをいだいている。頭がよくないのだという劣等感を持つことも少なくない。いわゆる学習のように、記憶で勝負するのだったら、忘れてはハナシにならない。忘れては敗北である。

それはしかし、頭を受動的に使うときのことである。知識をとり込むには、忘れるのは困ったことだから、覚えておくことが価値を持つ。頭に入れるのが多ければ多いほどよい。頭は知識の倉庫になる。

ところが頭で新しい考えをつくり出すとなると、事情は一変する。あれこれさまざまなものがあふれんばかりにつまっていては、頭は働きたくてもその余地がない。考えるより、在庫の中から役に立ちそうな知識を引っ張り出してくることを考える。

ところせましとものがいっぱいになっているところを整理して、さっぱりさせるのは、なかなか骨である。だいいち、せっかく仕込んだものを捨てるなど、もったいなくて、できるものではない。

忘れっぽい頭なら、そんな手間はかからない。どんどん片づけて、よけいなもの、ときには、よけいでないものまでも放り出してしまう。おかげで、頭はきれいに掃除されて、広々としている。頭は存分に、ほかに邪魔されることなく、のびのび活動することができる。ものにもとらわれない発想が可能になる。忘れる頭は発想にはいい頭だ。

覚えるのも骨が折れるけれども、うまく忘れるのは、それ以上にむずかしい。いったん学んだことを忘れるのは、覚えるよりはるかに困難であることは、忘れる努力をすることがまれなだけに、普通は思いも及ばない。

ものを考えるのには、新しいものごとを考え出すには、よく忘れて、きれいになった頭が必要である。忘却が必須の準備ということになる。

眠りはもっとも効果的な頭の掃除

いやなことを忘れるのに大酒を飲むというのは古典的方法であって、たしかに、リーセント・メモリ（近時記憶）はアルコールで流し落すことができる。それは、しかし、不毛な荒廃に似ている。頭ははたらくことを拒んで茫然とするだけである。

ちょっとした疲労を忘れるには、軽い飲食が有効であることは古くから知られていた。〝お茶にする〟のである。コーヒー・ブレイクである。

もっと自然な忘却がある。人間はたえず頭の掃除をしていないといけない。それをいちいち心がけているなどということはとてもできるものではない。別に努力しないでも、頭をきれいにするように生理的になっている。神の摂理である。なにもしなくとも、自然に頭の清掃が規則的に行われる。睡眠である。

眠りは体を休めるものと考えるのが普通だが、頭の掃除もしているのだとは気がつかない人が多い。

寝ている人は、一夜の間に、何度かのレム（REM＝ラピッド・アイ・ムーブメント）睡眠を行っている。何をしているかというと、頭は外から入った情報の分別をしてガラクタをゴミ出しする作業、掃除をしているのである。自然忘却で、朝、目覚めて、爽快な気分になるのは、頭の整理、整頓ができていることをあらわしている。不眠だったり、レム睡眠が妨げられたあとだと、頭がにごって重くなるのである。

アイディアを生み出し、名案を思いつくのは、このきれいになった頭であることが多いのは、不思議ではない。少なくとも、夜、寝る前よりは、朝の方が創造的である。昔の人が朝飯前と言った。朝の仕事がたいへん能率のよいことを暗示している。考えごとでなくても、朝の頭はよい頭である。朝を大切にしなくてはいけない。聖なる夜ではなく、聖なる朝である。

夢中になることも大切

われを忘れるのは、睡眠中とは限らない。気の合う人と夢中になって話し合っているときなど、頭は喜々として立ちはたらくようである。

親しいといっても、家族などが相手でははり合いに欠ける。家族団欒の中で発明をしたという例はまずないと言ってよかろう。他人でなくてはいけないが、同業の同僚などは妙なライバル意識や警戒心が先立って自由な思考の妨げになる。同僚の間での談話ははなはだ非生産的で、些末な退屈しのぎの雑談ときまっている。ゴシップや世間話になるのがおちだ。

　畑ちがいの人との交流がよい。近年、異業種交流とか学際的研究とかが注目されているが、もっと素朴な形ながら、同じことをしていない人との談笑が豊かなアイディアの温床である。しかし、毎日のように会ったりするのはおもしろくない。定期的に、しかし、適当に間をおいて、会って、気楽に、思ったことを話し合う。それが、相互にとって刺激的なヒントになり、アイディアを生むきっかけになる。

ロータリークラブが、地区ごとに一業一人の会員によって組織されているのは、すぐれた知恵だと思われる。同業者がほかに一人でもいれば、意識しないでも、遠慮があり、のびのびと羽根をのばすのを妨げられて、おもしろくなくなる。それをあらかじめ封じているのはすぐれた洞察である。

聞いているほかの人が自分のしていることをよくは知らないと思うと、不思議な自信がわいてくる。自分の分野に関しては、〝お山の大将〟の気分である。心がはずむ。調子にのって、よくも考えないことまでしゃべる。自分でもびっくりするようなことがある。はなはだ創造的で、なによりたのしい。

緊張と弛緩から創造が生まれる

新しいことを考える。

新しいものを工夫する。

それには考えつめることが必要になる。たえず考える。頭は緊張する。しかし、その状態で、よい考えが浮かぶことは少ない。やはり、ひと休みしないといけない。あまり熱くなってしまってはまずい。冷却してやる。緊張の連続では息がつまりそうになるだろうから、あえて〝風を入れてやる〟〝寝させてやる〟ゆとりがほしい。勤勉すぎる頭からはアイディアは逃げていってしまう。

緊張、そして、弛緩。そこで運がよければ思いもかけない考えが浮かび上がってくることがある。もちろん、いつもかならずそうなるとは限らないのは覚悟しておいた方がよいであろう。なにしろ、考えることは、お互い、あまり上手でないのだから、下手な鉄砲である。一発必中などという虫のいいことを望んではならない。数うてば当たると思って、何度もトライしてみる。

緊張した思考のあと弛緩の時間を持つのは、なんとかアイディアがほしいと思いつめているときに、容易ではないが、はやる心をおさえて、待つ心を持ってこそ初めて、創造がおとずれるのである。

朝の時間がよい。朝でなくても眠ったあとの時間は豊饒である。仕事の最中ではなく、レクリエーションの中で、新しい考えが頭を持ち上げることが多い。かならず、そうときまっていないが、可能性が高い。

忘却はその弛緩のあいだにおこって、はなはだ創造性に富んでいる。忘れることを怖れてはいけないのである。

アイディアづくりは「休むに似たり」

いくら勉強しても……

いい案を出そう、すぐれたアイディアをとらえよう。そういうとき、天井をにらんで、あることないこと考えめぐらす、などということをする人はまずあるまい。

とにかく、じっとしてはいられない。役に立ちそうなこと、資料をさがしてきて、調べる。資料は多ければ多いほどいい、と考えるから、それからそれへと、イモづる式にいろいろな関連資料を見つけて、いちいち当たっていく。そうしていると、たいへんな勉強をしているような気がして、やがては名案が生まれてくるだろうという期待をふくらませる。

さあこれで当たるべきものはすべて見たとなるが、そこで都合よく、求めるアイディアが飛び出してくることはまずないと言ってよい。初めにつけていた見当は、どこかへ消えてしまって、あとは雑然たる知識の断片、情報が走馬灯のように、頭の中をかけめぐっている。収拾すべからざる混乱である。裏切られたような気がして、あわてる。あれだけの時間をかけて資料を集め検討したのに、少しも役に立たなかったような気がする。無駄なことに時間を浪費したように思われる。実際、ろくによく調べもしないで、独断、独想で意表をつく工夫をものにするものもいるのである。勉強家の面目はしばしば丸つぶれになる。

しのびよる借用の誘惑

資料、参考文献などをよく調べると、いつしか頭は満腹の状態になり飽和に達して、この上、新しいものを知ろうという意欲がなくなってしまうことがある。疲れる。食傷したのである。これは、ものを考えるのにまことに不適当な状態と言わなければならない。

しかし、プランをつくったり、構想をまとめたりするのは仕事であることが多いから、期限がある。いずれ春永《はるなが》に……といった浮世ばなれした仕事などあるものではない。早くしなければとあせるが、頭は仕入れたものでいっぱいで、とても身軽に動ける状態ではない。

そこで誘惑がしのびよる。当人はそれを誘惑とは思わない。むしろ自分の頭から生まれたアイディアに〝近い〟もののように錯覚する。つまり人の考えたことなのに、自分が考えたように思うのである。借りるのである。盗むとは思わない。現に、もとのままではない、いくらか自分の加工なり修正、変化が加わっているから、これは自分の独創とまでは言えなくても、自分の考えであると言って差支えないだろう。そう思って、これを発表するのである。

明治以来、日本の学問、技術、思想の面でこういう借用、盗用がいかに多かったか思い半ばにすぎるものがある。れっきとした学者で一生、変造論文をつぎつぎ発表した人がどれだけあるか知れない。その点からだけすれば日本はまさにアイディアの後進国であると言ってよい。知識の大切なことを知って、自分で新しいことを考えることを知らない人の多い文化の悲哀である。

まねたくなるのだったら人のものを見たりしないことだ。盗みたくなりそうだったら、君子は宝物に近よってはいけない。

読書を途中でやめる

本を読むにしてもそうである。

論文などを書こうとすると、まず必須文献というものと対決することが求められる。読めば、知識は確実にふえる。ときに感動するようなこともあるだろう。やはり、多々益々弁ずの方式で、三冊よりは五冊、五冊よりは十冊の方がよいように考える。本を読むのは仕事だから時間と根気があれば、いくらだって読むことができる。関連する文献にすべて目を通すと、いかにもそれについての権威者になったような気持ちになる。

人の考えを、自分の考えたことのように思い出すと危ない。そうして身を滅した学者、研究者は、ことに文科系では、数えることすらできない。本を読みすぎてはいけない。考えるじゃまになるような知識はない方がよいのである。

よく、なになにから影響を受けたということを告白している本がある。それは婉曲にそのまねをして、セカンド・バイオリンをひいているということに他ならない。自分の考えが生まれなくなるほどに感銘を受けるというのは不幸なことである。アイディアがほしかったら、決定的支配力を持つようなものに接しないのが知恵かもしれない。

ある若い研究者が、外国の研究書を読んだ。すばらしくおもしろい。目から鱗が落ちるとはこのことかと思うほどであった。読みすすむにつれて、いよいよそのトリコになりそうな気がする。

そこで、この人は、その本のさきを読むことをやめようと決心した。これだけ読んだだけでも、これだけの感銘を受けた。終わりまで読んだら、おそらく、この本から出られなくなるに違いない。なにか考えるとすれば、その上をなぞ**る**ことくらいしかできまい。それでは困る。

ここで自由になりたい。それには読書を中絶する以外に手はない。そう考えて、あえて愛読書を閉じ遠ざけた。

その人は、みずから、その後半を想像した。これまでの延長線上にいろいろなことが浮かんでくるが、それは原著者のものではなくてこの読書の半独創である。実際、この人は、この研究書から一歩抜け出した理論のアイディアをこの中絶読書から得たようである。

おもしろい本、役に立つ本をあえて読みさすこと自体、一つのアイディアである。

普通は、本は終わりまで読まなくてはいけないと思っている。つまらぬ、よくない本なら中途で読みさすことはあっても、すぐれた、よい本を途中でなげ出すのは背徳のように考える。それをはねかえして、強い影響力を持つ、すぐれた内容の本をわざと読みすてる、というのには発想の変換がある。これがすなわち、アイディアである。

ある程度考えたらそこで休む

頭のはたらきは、ひと筋なわでいかない。時間に合わせて仕事をすることもできるくせに、ここぞというとき、いざというときに、思うように、はたらいてくれない。曲者である。仕事には期限がある。いつでも、できたときにできればいいなどという仕事はない。ちょっとした原稿でも締切りがある。それに遅れたら仕事にならない。卒業論文なども、十分でも提出が遅れれば受理されず、教授会で議論するというようなことがおこっているところを見ても、論文が仕事であることがわかる。

アイディアは締切りにしばられない。期限など初めから問題にもしない。あっという間にできることもあれば、何年たってもとうとうミューズの女神は微笑まないということもある。

あっという間に浮かんでくるというような好運はむしろ例外。たいていは、時間がかかる。いくら考えても、アイディアは浮かんでこないのが普通である。

書評というのも、アイディアでまとめるものの一つである。ことに短い書評はそうだ。原稿を依頼されて、大急ぎで読んで、締切りを気にしながら、急いでまとめようとするが、なかなかうまくいかない。読んだ直後だからいけない。

Ｔ・Ｓ・エリオットという詩人は、書評の名手と言われたが、後年、回顧して、うまくいった書評は、原稿のことは考えないでおもしろいと思って読んだ本について、あとで書評を頼まれたときが多い、と述べている。読むという仕事と、書評をまとめるアイディアとははなれていた方がよいことを暗示している。

本でなくても、ある問題について、あれこれ考える。そのすぐあとに、アイディアの出現を待つのは現実的ではない。

考えて考えて、もうこれ以上考えられないところまでいったら、そこでいったん休む。碁将棋で、昔から「下手の考え休むに似たり」と言ったものである。

アイディアは、下手でなくとも、ひと休みする。忘れてしまったように見えるかもしれないが、その実、頭は、深いところではたらいていて、アイディアを生もうとしているかもしれないのである。そしてある幸いな瞬間を見すまして、とんでもないところで、あらわれる。

まことに端倪《たんげい》すべからざるもの、汝の名はアイディアなり、である。

アイディアは誤って生まれる

すべては運次第

アイディアは正攻法では陥落しない。いくら考えても、どうにもならないのが普通である。そうかと思うと、別に考えようともしていないときに、アイディアが向こうからとび込んでくることもある。人事をつくして天命を待つと言うが、するだけのことをしたら、あとは運まかせということである。

中国の趙甌北の詩に、「到老始覚非力取三分人事七分天」（老ニ到リテ始メテ覚ユ、力取ニ非ザルヲ、三分ノ人事、七分ノ天）というのがある。

人間の努力でできるのは三十パーセントで、運が七十パーセントだというのである。エジソンの言った努力九十九パーセント、インスピレーション一パーセントの逆の考え方。こういう天命まかせということも、発明とか発見にはしばしばおこる。

ニュートンが、風のない日にリンゴが落ちるのを見て、引力を発見するきっかけになったというのも、この好運によるものであった（もっともこれは伝説だとする人たちもあるが……）。不作意によって、アイディアが生まれることがあるのを象徴する話として貴重である。

リンゴは普通、枝についている。熟れなければ、それ自体で落ちるということはない。それなのに落ちた。なにか落す力があるにちがいないと考えることは、注意深い観察者ならできないことはない。

しかし、ニュートン以前、どれくらいリンゴは落ちたか知れないが、これを大きな問題としてとらえるには深い学識と洞察力が必要であった。ただし、リンゴが〝誤って〟落ちたのがきっかけであったことは否定できない。

誤りはクリエイティヴ

誤りが新しい着想のきっかけになることはいくらでも例がある。

これはあえて名を伏せるが、日本のある学者の話である。ヨーロッパのすぐれた新学説についての解説を聞いた。耳学問であるから、もちろん、もとの学説理論が正確に頭に入ったわけではない。しかし、その〝誤解〟が大きな起爆剤になって、自分の専門の分野において、新理論をつくり上げることができた。間違った情報が、創造的であったわけである。不作意のヴァリエーションであったと言うこともできよう。

偶然のできごと、事故が新しいものの誕生のきっかけになることは古くからあった。たとえば焼きもの。古くは、焼きものはすべていまで言う素焼であった。水のもる土器である。それがいまのように水のもらない焼きものになるには、上ぐすりをかけて二度焼きしなければならない。そのきっかけがあった。

素焼を焼いていたとき、焔といっしょに舞い上がった灰が、高熱で焼かれた土器にふりかかる。その部分が黒くきずになる。おそらく初めは、こまったものだと思われたにちがいないが、灰によってできたこのきずが、硝子質であることに気づいた人が、灰を釉薬にすることを発明、発見したのである。大発見であったが、だれが見つけたのか、いまは伝わらない。

灰というのはおもしろいものだ。不必要なものと思われがちでありながら、案外なはたらきをする。

昔の酒はにごり酒であった。それが灰の成分を混合することで清酒（すみ酒）になった。これは実験に成功して見つけたことではなく、やはり、たまたま、誤って、酒の中へ灰が入ってしまったら、一夜のうちに、酒が澄んだ。それがきっかけだったと言われている。ケガの功名のようなものである。失敗も成功する。

こういう偶然の間違い、失敗に助けられた発見の中でもっとも有名なのは、フレミング博士のペニシリンであろう。

アレクサンダー・フレミングは細菌学者である。一九二八年、ほかの実験に使った使用済みのブドウ球菌の培地になにかの事情で誤ってアオカビが混入した。ところが、あとで見ると、そのアオカビのまわりだけはブドウ球菌の繁殖がとまっていることにフレミングは気づいた。このカビに殺菌力があるにちがいないとして研究をすすめてペニシリンを発明したのである。ペニシリンという名はアオカビの学名ペニシルム・ノタトムにもとづく。

いくらアオカビが飛び込んできても、それに注意しないで、すててしまったら、ペニシリンは生まれなかったであろう。ブドウ球菌の培地にカビが飛来、混入する確率はきわめて低いから、おそらく二度とは科学者の目にふれることもなかったであろう。したがって、アオカビの混入がきっかけだと言っても、それを見逃さない目が必要だったわけである。かりに、フレミング以外の人のシャーレで同じことがおこっても、なにもおこらず、すて去られたにちがいない。こういう偶然をすばらしい天啓としてとらえるのはやはり、人間の創意である。

大きな発見、発明は、こういう偶然と、人為の幸福な結合によっておこる。したがって、めったにはおこらないのである。

二〇〇二年にノーベル賞を受けた田中耕一氏の場合も、誤ったことから生まれた発見であったということである。

実験をかさねていて、あるとき、調合するものの量をまちがえてしまった。それがあとで見ると、求めているものになっていたというのである。

わざとしたことではない。ミスで誤ったことをした。それが予想もしなかった結果をもたらしたというわけである。正攻法の実験では得られなかった成果をミスがきっかけであげるとはまことに皮肉であるが、アイディアはこういう矛盾のわれ目をぬって吹き出してくるのかもしれない。

理屈に合わない、といって頭から否定してはならない。失敗したことなどは考えるのもいやだとばかり廃棄してしまうのが普通だが、創造的頭脳は、そういう不正常なところにひそんでいる〝真理〟を見逃さない。

謙虚であること

ものをよく見る、よく考える。そういう頭が新しいものを生み出す。失敗、誤り、不条理と思われるものでさえ頭からバカにしないで、よく検討する心がけはアイディアをとらえるのに不可欠のものである。

どうせ失敗なのだから……とか、どうせ誤りだから……といって、よくよく吟味するのを怠るのが普通であるが、それでは、新しいものを考え出すことはできない。

アイディア、発明、発見の基本的姿勢として、「常識を疑え」というのがある。既存の権威なども常識に支えられているから、だいたいにおいて非創造的であるのを避けられない。そう考えてみると、誤っておこったこと、失敗したことは、常識を超越しているためにクリエイティヴであるのだと考えられる。

そうだとすれば、失敗、誤り多き人生は新しいものを生み出すのに適していると評価することができるようになる。

誤ってもアイディアは浮かぶ。それが人間である。

ただ、それには、あくまで、大いなるものに対して、謙虚であることを忘れてはならない。正しいことを多く知り、知識がふえるにつれて人は謙虚さを忘れる。創造的でなくなるのは不思議ではない。

　ほとんどものを知らない子どもが、柔らかい心で自然、外界にふれたとき、たえず、失敗、挫折をくりかえすが、その間に、気づかれない多くの発明や発見をしているのであろうと想像される。

Ⅲ　アイディアのつくり方

仕事の現場などでは、アイディアが生まれるのをただ待っているだけでは、いささか心もとないものです。そのために、アイディアをつかみとるための働きかけを知っておく必要があります。この十種類の方法が身につけられれば、あなたの頭はかなり柔軟になるはず。それでは最後のレッスンを始めましょう。

①▼ブレイン・ストーミング

交流がアイディアを生む

ジョゼフ・プリーストリーと言えば、酸素の発見者として知られる十八世紀イギリスの大化学者だが「私の学問上の仕事の大半は例の会の仲間から受けた励ましのおかげでできたようなものだ」と述べている。

その〝例の会〟の名を月光会（ルーナー・ソサエティ）と言った。毎月、満月の晩に仲間の家を順ぐりに持ちまわりの会場にして集まったところから〝月光会〟の名が生まれた。わけのわからぬ人たちは、ひそかにルーナティック・ソサエティと呼んだらしい。月光を浴びると頭がおかしくなるという古来の俗信にもとづくものだが、この会がイギリスの近代文明にきわめて大きな足跡をのこすことになったのである。

さきのプリーストリーのほか、蒸気機関で有名なジェイムズ・ワット、そのエンジンを実際にこしらえたマシュー・ボールトン、ガス灯を発明したウィリアム・マードック、印刷業をしていたバスカヴィル、天文学者のウィリアム・ハーシェルなどが常連である。中心人物はエラズマス・ダーウィンで進化論のチャールズ・ダーウィンの祖父に当たる。医者を業としたが、哲学を好み詩文を愛した。といっても趣味にうつつを抜かすヤブ医などではなく、腕は全英随一とうたわれ、時の国王ジョージ三世の侍医に、と請われたが、患者が一人だけでは退屈だからといって断ってしまったという人物である。

みんな、していることが違う。そして専門にこだわらず、好き勝手なことをしゃべり合った。ワットが音楽を論ずるかと思えば、ダーウィンは機械工学についての〝卓見〟を吐くといった調子である。プリーストリーは宗教を論じ、語学教育的改善案を提出したりもしている。

そういう自由な雰囲気の中、談笑の間に、〝三人寄れば文殊の知恵〟という知恵以上のものが生まれたのである。

二十世紀になって、小さな専門に立てこもっていてはすぐれた研究はできない。専門領域の枠をこえて異種接合すべきであるというのでインターディシプリナリ、「学際」という考えが広まり、多くのすぐれた業績を生み出した。月光会は、二百余年前に、実地において学際的であったのである。おどろくべき発明、発見があいついだ。

ダーウィンの月光会があったころ、ロンドンでは、コーヒー・ハウスが知的交流の場であった。たくさんのコーヒー・ハウスができて、談論、談義に花をさかせた。こちらは、どちらかと言えば文学的色彩が濃い。中でもときの文豪ドクター・ジョンソンが中心であった旗亭「タークス・ヘッド」は文芸クラブを名乗った。やはり言いたい放題のことを話した。名演説家として有名なエドマンド・バーク、肖像画家ジョシュア・レノルズ、小説家のゴールドスミス、『ローマ帝国衰亡史』のエドワード・ギボン、名優デイヴィッド・ギャリックがメンバーだった。これらの人の活動の源泉がやはりこのクラブの自由な会話にあった。

アメリカへ渡ると、ハーヴァード大学にも似たような組織がある。二十世紀早々、一九〇九年ハーヴァード大学の総長に就いたロレンス・ローウェルは、自分の大学の学術上の成果が充分でないのを憂え、世界的研究者を輩出させることはできないかと考えて、フェロー（特別研究員）の会というのをつくった。週一度、各部門からえりすぐりのフェローたちが総長の招待で会食をした。そこでめいめいが専門のこと、専門外のことをお互いに話し合った。それがたいへん効果があったらしく、総長の夢をかなえる学者、研究者が続々と巣立ってハーヴァードの名を世界にとどろかせた。

ブレイン・ストーミングは場の雰囲気が重要

戦後になって、もう少しテクニカルなアイディア探究が行われるようになった。

ブレイン・ストーミング。戦争中に、奇襲作戦の計画を立てる必要から行われた知恵出し会合である。発案者はのちにアイディアの神様と言われたA・オズボーンであった。これが戦後は民生の産業界へ広まって、多くのアイディア商品を生むようになって注目された。わが国でもこれに倣っていくつかのグループができたが、さほど大きな成果もあげられないまま、いまはなかば忘れられようとしている。

ブレイン・ストーミングは、まず、課題、問題を設定して始まる。チェアマンと記録係がいる。メンバーは、めいめいその解決の方法を考え出すのである。それはいちいち記録される。同じ考えが出たら後の方は無効になる。

初めは勢いよくいろいろな思いつきが出されるが、やがて少なくなり、ついには、もうこれ以上は考えられない、というところまでくる。しかし、ここで止めない。無理やりなんとか知恵を出すことが求められる。大きな考えが出てくるのは、このいわばロスタイムになってからであることが経験で明らかになっている。

もう一つ大切なことがある。それはブレイン・ストーミングでは、だれがどんなことを言っても、ほかのメンバーが、それをつまらぬとけなしたり、本に書いてある、などと言って、水を差すような発言が禁じられている。これが案外、重要な点である。前にも述べたが、アイディアは臆病で、人見知りをし、自信欠如である。少しでも冷たい風が当たると穴の中へひっこんでしまう。おびき出すには、あたたかいそよ風を吹かせておかなくてはいけない。

ブレイン・ストーミングはむしろ事務的にすすめられるために、ともすれば冷たい風が吹きかねない。その点で月光会やクラブの談笑に及ばない。互いが批判し合うなどもっともまずい。ディスカッションやシンポジウムがとかく不毛になりやすいのもこのためであろう。

アイディアを出すには、メンバーがそれぞれの仕事や専門が違っていた方がのぞましい。前にも述べたが同業の同僚の間では、知的高揚は困難だからである。

この点で、りっぱな成果をあげたロゲルギスト・グループは特筆されてよいであろう。ロゲルギストを外国人名だと思った人もいたが、実は、日本人の物理学者の移動クラブである。近角聡信、磯部孝、近藤正夫、木下是雄、高橋秀俊、大川章哉、今井功の七人が毎月、月光会のようにメンバーの家を持ちまわりの会場にした。一九五九年にスタートして二十年続き、雑論の成果は『物理の散歩道』にまとめられて出版、七冊に及んだ。

聞き上手・ほめ上手

何人もの人間が集まって考えを述べ合う、知恵を集めるのである、「三人よれば文殊の知恵」になるのは古くから知られていた。方法にならなかっただけのことである。一人より、三人の方がよい知恵がでる。五人、六人ならもっと多彩なアイディアがあらわれるかもしれないが、また、そうでないかもしれない。ただ集まっただけ、頭数が多いだけでは、名案、アイディアはそれに比例しないことが多いであろう。

重要なことを思いついたら、だれかほめてくれる人がほしいのである。ただ、けなさない、などというのではなく、積極的におもしろい、すぐれていると言ってくれる人のいることが集合思考を成功に導くのに不可欠であるようだ。

激励などという大げさなことではなくてよい。ただ、じっと耳を傾け、感心してくれる人がそばにいる、そういうところで、われわれの想像力、思考力はどれほど活発にはたらくようになるか知れない。聞き上手と言われる人は、少ないけれどもいるにはいる。そういう人に対して、われわれは不思議な親近感と信頼感をいだく。その人の前だと普段思ってもみないようなことを思わず口に出したりするものである。

ほめてくれる人は、聞き上手よりさらにいっそうアイディアのよき助産者になる。思考グループにはなんとしても、こういうはたらきをするメンバーがふくまれていなければいけない。しかしこの役を担える人が実際には少ないのである。

ホメレバブタモキニノボル。
インスピレーションもホメラレて出てくる。

②▼延長線・慣性の法則

「そのさき」を考えること

アイディアの生まれるのは偶然のようでありながら、やはりルールがはたらいていると考えられる。そのルールにのっとれば、かなり発想の可能性が高まる。しかし、これまでのところ、そのルールがはっきり確立したものとなっていないから、偶然ということで片づけられてしまっているのである。

そこで、ここでは、いくつかの試案をあげてみることにしたい。

まず、幾何学的ルールがある。

そのもっとも単純なものは、延長線のルールだろう。

A—Bという直線がある。

このBからさきへ線をのばせばA—Bの延長線になる。

A—Bのさきに、新しい可能性の分野があることを示している。

それが新しいものである。

例をあげると、化学において、物質を構成する分子が発見され、これをさらに、分割して小さくしたものが原子（アトム、atom）である。語源的にはア（できない）、トム（分割）で、つまり、これ以上は分割できない、最小の単位が原子であるということだ。

ところが、分子から原子へというダウンサイジングのラインを延長すれば、さらに、小さな単位があってよいと考えることができる。

これが延長線上のアイディアである。

いったんはこれ以上の分割は不可能なりとされた原子であるが、さらにより小さい単位があるのではないか、あるはずだというアイディアが生まれる。探求が行われて、原子より小さい素粒子というものが発見されたのである。延長線的想像力の知的生産と言ってよいものである。

あるドイツの学者が新しい読者の概念をつくり出したのも、この延長線ルールによっていると見られる。

読者というものはもともと名もなき存在で、これまでほとんど表立つことがなかった。それに対して作者の方は確たる存在である。そこでまず、読者層というものが作者とは対照的な点で認められるようになる。読者の研究が作者の研究に対応、対比されるべきものとして考えられ、不特定集団としてとらえられた。そのラインの延長線上にドイツの文学研究者たちが、個人の読者を発見したのである。個人の読者は読者層の考えよりも遅れてあらわれたのは、こういうわけである。

歴史は過去を再現しようとして、一つひとつの時代に名前をつけることをまず考えた。明治時代、その前は江戸時代、戦国時代というように名前を考え出した。それぞれ一つの発明である。このラインを延長すると、ついには歴史以前、先史時代という時代を発見する。それが有史時代の延長上にあることは、先史ということばの出現が、たとえば平安時代などよりも新しいことによっても明らかである。

思考の持続を利用する

同じ原理は物理的な形でも存在する。慣性のルールがそれである。一定方向に動いている運動体が、ある点で停止すると、その物体はいつまでもその運動を続けようとする習性がある。慣性の法則である。これがアイディア誕生にもしばしば有効にはたらく。

前にふれた中絶読書も、慣性のルールの一例と考えることができる。本を読んできて、おもしろくなったところで、つまり、スピードのついたところで、あえて停止、読むのをやめる。すると慣性がはたらいて、その先へいこうとする。しかし、もう読みを止めているのだが、読んできたものの残映があらわれずにはいられない。そこに慣性による発見がおこる。

それほどはっきりした形ではなくても、慣性のルールは、広く認められる。俗に、なにかの影響を受けて考えたというような場合も、そのもとのものの慣性の力学がはたらいているのである。完全な模倣ではないが、影響を受けた独創である。

〝寂しさ〟という気持ちの正体はなにかということを考えてみる。延長線と慣性のルールを用いると、これを「感情の残像である」と規定できる。

まず、幾何の延長線ルール、物理の慣性というラインを認めれば、それを生理学的次元に延長、移行して、残像という考えを引き出すことができる。

さらにこの生理的現象を心理のコンテクストへ移せば、「愛着感情の残像」というアイディアが生まれる。

親しい人に対していだいている気持ちがずっと続いているとする。その間、その気持ちは自覚されることが少ない。なにかの理由で対象となる人物がいなくなる。遠くへ行ってしまって会えなくなるというようなことがおこると、感情の慣性が顕在化して、〝なつかしさ〟と感じられるようになる。そういうアイディアが得られるのである。

新しい考えが生まれるとき、意識されなくても、この延長線、慣性ルールはたらいていることが多いのである。

③▼セレンディピティ

セレンディピティとは

発明、発見のアイディアは、机に向かって考えているときに浮かんでくるとは限らない。むしろそれはまれである。バスに乗っていたり、歩いていたり、ほかのことをしているときに、ひょっこりあらわれることが多い。偶然である、天来のインスピレーションによるように思われるのもこのためであろう。

アイディアに限らず、ものをさがしているときに、さがしている当のものではない、ほかのものが思いもかけず出てくることは日常でもよく経験する。

机の上が乱雑になっていると、たえず、ほしいものがどこかへ雲隠れする。返事をしなくてはいけない手紙をどこへ置いたか見当たらない。さんざんさがしても出てこないが、その途中で、先日、やはり見えなくなってさがしにさがしてどうしても出てこなかった別の手紙がひょっこりあらわれたりする。目指すものではないが、ものが見つかったことには違いがない。

努力だけではどうにもならないことがあるかと思うと、そのつもりのないものができたりする。いかにも偶然である。

アイディアでも、こういう一見、偶然のようなものが古くからあって、セレンディピティといううれっきとした名前がついている。

このことばにはちょっとした歴史がある。イギリスの十八世紀にホレス・ウォルポールという小説家がこのことばをつくった。はっきりした証拠が残っている。一七五四年一月二八日に友人にあてた手紙の中で、偶然の発明、発見をセレンディピティと呼ぶと宣言しているのである。

これにまた由来がある。

そのころイギリスで『セイロンの三王子』という童話が人気であった。この三人の王子、たえずさがしものをしているのだが、さがしているものは出てこない。そのクセ、予期しないものを掘り出す。こういうヒョウタンからコマがでるような新しい考えやもののことにウォルポールはセレンディピティの名をつけた。セイロン（いまスリランカ）はそのころセレンディップと呼ばれていた。それを抽象名詞にしたのがセレンディピティという造語である。

セレンディピティの例に、こういうのがある――。

第二次大戦後しばらくしたころである。アメリカは敵の潜水艦の接近を探知する器機の開発に力を入れていた。

それにはまず、遠くにいる潜水艦の機関音をキャッチできる優秀な音波探知器の開発がどうしても必要であった。そういう探知器をつくろうとしていろいろ実験していると、あるとき潜水艦から出ているのではないかと思われる音が聞こえる。そんなはずはない。近くに潜水艦がいないことははっきりしていたのである。だとすると、某国の艦艇かもしれないというので実験基地は色めき立った。

国籍不明艦がどこにもいないのに、やはり機関音かと思われる規則正しい音波が聞こえるのである。

その正体はなにか。追跡してみると、音源はなんとイルカであった。イルカが相互に音波で交信していることがわかったのである。

それまでイルカの〝ことば〟については、まったくと言ってよいほど、なにもわかっていなかったが、これがきっかけになって、イルカが交信していること、いくらか〝ことば〟に近いものを持っているということが明らかになり、イルカは一躍、流行の研究対象になった。

そして、たとえば、アメリカ沿岸のイルカと日本近海のイルカでは出す音、つまり〝ことば〟がちがうということまで明らかになったのである。

もう少し心理的なセレンディピティもある。

学生なら、明日が試験となれば、だれだって準備の勉強をしなくてはならない。その勉強はしかし退屈でなかなか進まない。そういうとき、なんでもない、試験とはまるで関係のない本が目に入ると、つい手がのびる。

開いて読み始めると、これがあいにくなことに、思いのほかおもしろい。気まぐれにあけた本である。もちろん読みふけったりするつもりは初めからない。ほんのちょっとと思ったのが読みやめられない。

そのために肝心な準備に支障が出たりすることもある。その本というのが、普段だったら見向きもしないような堅苦しい本だったりするのだから不思議である。

そして、こういうことがきっかけでそれまで持たなかった新しい関心を自覚することになったりする。一種の発見である。しかも、ねらったものではなく、行きがけの駄賃のようなものの発見、つまり、セレンディピティである。

関心の周辺

ものを見るには、正面から正視するのが一番のように考えやすいが、案外、そうではないかもしれない。正面ではなく、視野の周辺で動くものに強く惹かれる。

視野のまん中にあるのに、かえって、よく見えないことがある反面、周辺部が気になり、目ざとくとらえることがある。当面の問題はなかなか解決しないのに、無関係な周辺のことがらの中に新しいものを見出す。少し天邪鬼《あまのじやく》なところのあるのが、人間の心理であり、思考である。

教師が教室でしゃべっているときなども、本題の話はおもしろくいかないのに、脱線がおもしろかったりする。セレンディピティの発見をふくんでいるからであろう。何十年たった昔の学生がもとの教師に、授業の本題はまるで覚えていないが、脱線の話だけはよく、いくつも覚えている、と言ったりするものだ。脱線はセレンディピティの発見をふくんでいて、強く印象に残るのであろう。

アイディアを求めて考えに考えたら、いったん忘れる時間を置いた方がよいことは、すでに述べた通りであるが、この忘却の間に、主題はいつしか関心の中心部から周辺部へ移っている。それでセレンディピティの発明がおこりやすくなると考えることができる。

岡目八目と言う。自分のことより、人のことの方がよくわかることが少なくないが、他人のことにはセレンディピティがはたらきやすいためかもしれない。

ものを考えるとき、あまり一点に集中しすぎるのは賢明ではない。適当に風を入れたり、少し道草を食ったり、しばらく、ほかのことに忙殺されていることはかえって有効である。

アイディアの逆説である。

④▼醱酵させる

アイディアづくりは酒づくり

アイディアはひらめきとして飛び出してくるものばかりではない。インスタントなアイディアはこまかいものなどをつくるときには有力であるが、もう少し複雑な問題では、一朝一夕に完成しない。

たとえば、論文である。わが国の文科系の人たちの言う論文というものは、多くの場合、充分なアイディアとは無縁なものが少なくない。テーマについての先行研究を精査、整理するだけでも論文と称してはばからない。さすがにそのままでは気がひけるから、あちらこちらを修正して独創性を示したつもりになる。オリジナリティは乏しい。

本当の意味での論文は、問題、テーマについて仮説をつくらなくてはならない。まずテーマを得るのもアイディアなら、それを証明するのもアイディアである。それは新しいことの予見であるから、アイディアによるほかはない。つまり、アイディアで、テーマを立て、仮説を立て、それを論証するのが論文というわけである。

この過程は、酒をつくる醸造に似ている。つまり、アルコールでないものを材料にして、醱酵によって、アルコールにするプロセスが、アイディア、仮説、発見の生成に通じるところがある。

テーマとヒント

初めに、課題、テーマ、疑問が必要になる。ビールなら、ムギに当たるもので、これがなくては話にならないが、それだけでは、醱酵はおこらない。酵素が必要になる。ヒントである。これがきっかけで、化学反応がおこる。

といって、すぐアルコールになるわけではない。適当な状態で、しばらく〝寝かせて〟おく必要がある。どれくらいの間寝かせるかは、一概にはきめられない。すぐ醱酵のおこることもあれば、長い期間を要する場合もある。

アメリカの経済学者W・W・ロストウはその経済伸長論の構想のもとをハーヴァード大学在学中に得たが、それが論文になったのは三十年もたってからであると自分で述べている。これは例外的としても、アイディアが仮説、新説を生み、それが学説になるのには相当の期間が必要である。締切りのある仕事には向かない。

ここで具体例をあげた方がよいように思われる。自分のことで気がひけるが、はっきりしたことが言えるので、あえて紹介する。

長年、英語を読んでいて、ときどき不思議に思うことがあった。英語は日本語と違って分かち書き、つまり、単語が一つひとつはなれている。それなのに、意味になると、一つひとつが断片的なものではなく、ひとつらなりのものとして感じられる。いったいなぜだろうかという疑問である。

そんなことを考えた人もないから、当たるべき文献などもなく、一人考えるほかはない。なぜ切れ切れのことばが連続するのか、これを解決するには、切れたものを結びつけるものがあるはずである。これが仮説である。ことばにおける非連続の連続を支える作用が仮説になった。

しかし、それだけでは、少しも前へ進めない。あるとき、郊外のバスをおりて歩いていると、麦畑の向こうから、琴の音が風にのって聞えてきた。とっさに、これだと思った。

琴の音は一つひとつ切れている。しかし、こうしてはなれて聞くと、ひとつらなりのように聞こえる。前の音のひびきが次の音にかぶさり、二音の間の空白が埋められることに気がついた。

これで非連続の連続の原理のようなものが垣間見えた。しかしまだすぐには仮説とはならなかった。どれくらいそのままにしていたか覚えていないが、寝かせていたのであろう。あるとき急にまたおもしろくなってきて、映画のフィルムが、一つひとつ静止しているのに、続けて映写すると、切れ目は消え、ひとつながりの動画になる。これとさきの連続との間にアナロジーを認めることができた。

そして、ことばには修辞的残像をおこす性質があるという仮説ができ上がった。前のことばの残像が消えないうちにつぎのことばが続くと、はなればなれのことば、点のようなことばが線のようになることを説明できるのである。

畑の中で聞いた琴の音というものがヒント、つまり酵素になって醱酵を促進したものと思う。充分熟してくれれば、ほっておいても、おのずから形をとるようになる。

フランスの小説家バルザックも小説のテーマさがしに苦労したのであろう。アイディアを大切にしていたが、〝熟したテーマ（アイディア）は向こうからやってくる〟という言い方をしている。醱酵が完了したものは芳香を放って存在を訴えるというわけである。

時間がかかるから、初めの疑問、テーマ、はいつ考えたか、そのヒントがあらわれたのはいつであったか、覚えておくのは賢明ではない。ノートにそれぞれの日付を記入しておけば、着想から、ヒント、醱酵にいたるまでに要する時間をはっきりさせることができる。

そういう記録があれば、次にアイディアから仮説を生み出すまでに、どれくらいかかるかの参考にもなる。

大きな発見にも、小さなヒントが必要である。ヒントが、異質なものでなくてはならないだけに、偶然性が強くなるが、日常の生活の中にはいろいろなヒントになるものがいくつも存在するから、ヒントにめぐり合う確率は想像するよりずっと大きいと思ってよいであろう。

ニュートンが万有引力の大発見をするきっかけになったのは、風のない日、リンゴが木から落ちるのを見たのがきっかけであったというのは、いまは伝説であったと言われている。

それはそうかもしれないが、木から落ちるリンゴのような、なんでもないことがヒントになると考えることは可能である。

風のないのに落ちる木の葉だってよい。窓から落ちる花の鉢でもよい。落ちるものはいくらでもあって、それに注目すれば、ヒント、インスピレーションの引き金になることができる。リンゴの方がきれいだから、そういうことにしたのであろう。まったくのでたらめではなく、そういうきっかけがあったことをこの伝説は伝えているのである。

時間がかかる

このように、アイディアから仮説、理論を生むのは醗酵によって酒をつくるのに似ている。手間ひまをかけるのはやっかいであると思う気の短い向きは、人のつくった酒を持ってきて、そのままでは、盗用、剽窃《ひょうせつ》になるから、ほかの酒を二、三とり入れ、まぜ合わせると、新しい酒、カクテルができる。

醱酵法によって酒をつくるような論文は敬遠されて、手ごろで、いつでも、いくらでもつくることのできる即席アルコールの論文がおびただしく生まれる。

もちろん、カクテルでも酔わせる力はあるし、バーテンダーの腕によってはもとの酒より口当たりがよいということもないではない。

他人の考えを借りてきて、自分の考えのような顔をするのは知的犯罪であるときびしく批判すべきかもしれないが、ものは考えようである。

既成のものそのままではなく、いくつかを組み合わせれば、いかにも新しい酒ができる。その混合、配合にもアイディアがはたらく余地は充分ありうる。

世間で名案と見られているものの中に、こういう混合式が案外たくさんある。それに、これは寝かせたりする手間はかからぬから、期限を切って仕上げるのに適している。

⑤▼〝カクテル〟にする

短時間でアイディアが得られる

前の章では、考えをアイディアまでに育てるのは、素材に酵素を加えて寝かせて酒にするのに似ているというところから、醱酵法というのを考えた。世にいわゆる大発見、大発明の多くが、そういうプロセスの結果生まれたものであろうと思われるが、なにしろ、秘義に属することで、余人にはうかがい知ることもできない。

醱酵法は正統的なアイディアづくりの方法であるが、泣きどころがある。

時間のかかることである。いついつまでにと期限を切られているときには役に立たない。実際の酒なら、いつまで寝かせておけばよいか、あらかじめわかっている。それに合わせて予定を立てることができる。

頭の酒、工夫を熟させるのにカレンダーはない。いつ成熟するか見当もつかない。何度もくりかえして同じ手法でアイディアを生み出した経験があれば、おおよその目安ぐらいはつけられないこともない。それでも、予想外に手間どることがないとは言えない。運を天にまかせる心もとなさのつきまとうのが醱酵法である。

いついつまで、と日を限られているときには、別の方法によるほかはない。その一つがさきにもふれたカクテル法である。

既成のアイディアの調合

これは、素材を化学反応でアルコール化する醱酵とはちがって、初めに、酒が存在するのである。もちろん、これは、自分でつくったものではないから、そのまま使えば、盗用になる。

それで、似たような、しかし、別々の酒をいくつか集めて、これをほどよく調合して、新しい酒をつくるのである。それがカクテル方式である。

今から七十年ほど前、イギリス、ケンブリッジ大学の英文学科にウィリアム・エンプソンという学生がいた。大学へ入ったときは数学科の学生だったのが、途中で英文科へ転科したのである。そして、目ざましい発見をした。それを指導のI・A・リチャーズ教授に相談すると、よかろう、と言われて、さっそくタイプに向かい、一週間目に、先生のところへ卒業論文として提出した。それが間もなく『曖昧の七つの型』という本として出版されて、世の文学研究者たちを驚倒させることになった。

ヨーロッパでは、ギリシアの昔から、明晰が尊重され、曖昧はよくないものとされてきた。二千年、それを疑うものは西欧にはなかったのである。

エンプソンはこの〝常識〟を疑った。

実際にすぐれた詩文を見ると、意味がいくつも幾重にもとられるものが少なくない。多義性は含蓄にとんでいるが、決定的な意味がはっきりしないという点では、悪名高い〝曖昧さ〟を持っているのではないか。これに着目したエンプソンは、清水に魚すまず、適当な混濁の中にこそ深いものがひそんでいることを発見したのである。そして文学の世界でも発見があることを世に示した（東洋、ことに日本では中世からすでに、曖昧の美の発見がなされていたのは注目される。エンプソンは東洋趣味のあった師のリチャーズを通じてそのことを知っていたかもしれないが、その可能性はあまり大きくない）。

曖昧は美学の要素であるということ自体が大きな発見であったが、突然、それが飛び出してきたわけではなさそうである。その前段階があった。

エンプソンは、『曖昧の七つの型』という大きな発見をする前に、前段階の小さな発見をしていた。それは一種の折衷主義とも言えるものであった。

文学作品中、もっとも有名で人口に膾炙《かいしゃ》している箇所には古来、諸家による註釈がおびただしくつけられていて、俗に言う〝諸説紛々〟となっているのが普通である。

ちなみに、シェイクスピア『ハムレット』の例の名独白、「ある、あらぬ、それが問題」（To be, or not to be : that is the question.）について、集註版（ヴェアリオーラム）を見ると、細字でえんえんと諸家の解釈、註釈が何ページも続いている。一つの表現には、一つの正しい意味があるものだ、ということを信じる研究者、学者は、この註解群のうちから、もっとも好ましいと思うものを一つ選び出し、これを正解なりとして、能事おわれりとするのである。長い間、そういうことが行われてきたのである。

これをひっくりかえしたのがエンプソンである。

多くの解釈の中からどれか一つを選び出して、それをその表現の意味とするのは不適当である。ある表現に対して出された解釈のすべてを肯定し、その総体が、その作品、その部分の意味であると考えた。ある表現について善意の第三者から提出された解釈は、それが相互にどれほど不整合なものであっても、その表現の意味でないものはないはずである。誤解をふくめて、廃棄されるべきではない、と考えた。

画期的見解である。

この考え方こそカクテル式である。

一つひとつの註釈、解釈は、すでにアイディアにもとづいている。酒である。それがたくさんあって収拾すべからざる状態にあるとき、その一つ、二つを、正しいものとして承認するのではなく、みんなをいっしょにして一つの酒にしようとしていることになる。諸家の考えはみなそれぞれを酒であるとする。それをそのまま使えば、引用、借用であるが、これを全部まぜてよく攪拌すると、新しい酒、カクテル酒ができる。そしてこれもりっぱな酒である。

カクテルが生一本と違うのは当然で、混合によって明確なところが消えて、複雑で不明確、つまり曖昧なものにならざるを得ない。

エンプソンの曖昧説は、つまり、カクテルの曖昧性にもとづいているということができる。

すぐれた混合は下手なオリジナルに勝る

カクテル法のよいところは醱酵法に比べてずっと手早く酒をつくることができる点である。

とにかく、すでに酒になっているものを台につかうのであるから、甘酒になったりする心配はない。混合する酒さえ吟味してかかればほどほどのカクテルをつくるのは初心のものにもたやすい。

実際、文科系学問のきわめて多くが、暗々裡にこのカクテル方式によっているというのが、実情である。オリジナリティがあるとすれば、台にする酒の選択とその配合の仕方くらいである。

いくらカクテルをつくることが上手でも、バーテンダーにもとの酒をつくることができないのと同じで、カクテル論文をいかに器用にまとめることができても、オリジナルな論文を書くことはできない。終生、バーテンダーで終わる。

このごろ、卒業論文は、学部学生には書かせないところが多い。醱酵による発見を持った論文など初めから期待できないし、締切りつきでインスピレーションを求めるのは非現実であることがわかってきたからであろう。カクテル論文でさえもおぼつかなくて、参考書丸うつしというのが続出するようになって、大学は論文をあきらめたのである。

ここまでカクテル論文はいかにもつまらぬもののように書いてきたが、すぐれたカクテルは下手な地酒に勝るのと同じで、りっぱな折衷論文は、酔っ払いがくだを巻いているようなオリジナル論文よりも世のため人のためになる。

大学でも、カクテルはカクテルであることをしっかり承知の上で卒業論文を課するのは教育的にも効果があろう。

カクテルといってもおろそかにはできない。やはりアイディア、工夫がないとよいカクテルにはならないのである。それに、知的モラルも求められる。人のつくったものを自作のように見せかけることは厳につつしまなくてはならない。知的誠実（インテレクチュアル・オネスティ）に欠ける人間は、カクテルに心を動かしてはならない。

以上、主として、文科系論文を中心に述べてきたが、ものをつくる技術的発明についてもカクテル法は実際的にきわめて有効であろう。現実に発明と言われるものの多くがカクテル式発明であると言っても言いすぎではない。

⑥▼たとえる

比喩というアイディア

子どもは生まれながらにしてことばを知っているわけではない。まわりからことばを教えてもらう必要があるが、それがどうしてことばの獲得になるのか、くわしいところはよくわからない。

なにも知らないみどり児が、毎日のようにイヌを見るとする。そのたびに、イヌということばを聞くとする。それをくりかえしていると、やがてイヌという動物とイヌということばが結びつくようになる。それでイヌという語の学習は完了する。やかましく言えば、初めてことばを覚えるときのイヌは特定の一ぴきであるのが普通である。したがってイヌということばは（うちの）イヌを指す固有名詞に近いものである。

そのあと、よそのイヌを見たとする。うちのイヌは白犬であるが、となりのイヌは赤犬だとする。子どもは、その赤犬を呼ぶ名を知らないはずである（イヌは白くなくてはいけない）。しかし、子どもは、これもイヌと呼ぶのである。

白犬を呼ぶイヌということばを赤犬にも使うというのは、比喩、たとえである。赤犬をイヌと見立てているからである。子どもはこういう比喩をやすやすとしてやってのける。それでことばを習得していく。

白いイヌだけでなく、赤犬も黒犬も、同じようにイヌであるとなって、子どもは大胆になる。たまたま、ブタを見る。ブタということばはまだ知らない。しかし、イヌは知っている。そこで、それを援用して、ブタを大きなイヌと呼ぶかもしれない。

これははっきり比喩である。しかし、実際にブタということばがあるために、大きなイヌというのは訂正されなくてはならない。もしブタということばがなければ、大きなイヌでりっぱに新しいことばの創造ということになる。

子ども、ことに幼い子は、まだことばをよく知らない。多くのものの名がわからないから、知っている、似通っているものの名を代りに見立てて使う。これがたくまずして、アイディアであり、発明であるというケースも少なくない。子どもが天成の詩人と言われるのもことばの発明、比喩のことばをつくる必要にせまられて、工夫するからである。だんだんことばを多く知るようになると、比喩の発明、アイディアの必要もそれだけ少なくなり、散文的になっていくというわけである。

人間は生まれながらにして、新しいことばをつくる名人なのである。そして、それは創造力によっているにもかかわらず、はっきりそうと認められない。

知識がふえると、こういう見立ての発明、発見は少なくなる。アイディアの創出、知的創造が若いうちのもので、年をとると、発想力がおとろえると言われるのも、一つには、比喩作用を必要としないほどに既知が多くなっていることに帰因する。大愚は大知に通ずるというわけである。

学校で生徒が先生の綽名をつける。これも比喩の実例である。先生には名前があるが、それは呼びたくない。もっと身近な、自分たちの命名した名前で、親愛の情を示したい。そういう心理が綽名という比喩に結晶する。

黒ぶちの厚いメガネをかけた先生は、たいていトンボになる。ありふれていると思えばメガネザルなどと呼ぶこともできる。がらがら声だからというのでカラスという名を頂戴する先生もいる。

こういうのはアイディアで勝負がきまるわけだが、そのわりに独創的なものが少ない。トンボ先生は、遠くのほかの学校へ転じてもやはりトンボという綽名がついてまわることが少なくない。比喩の通則のようなものがあるのではないかと思われる。

たかが綽名というかもしれないが、創造性のあらわれである。綽名を一つつけられないようでは、新しいことを考え出したりする頭の育つわけがない。

子どものとき活発に見られる比喩的言語の使用は、人間の歴史に移して考えると、その幼児期に当たる大昔にも見られるはずで、現に、どこの国の神話を見ても、比喩ばかりであると言ってよいほどである。

明喩、隠喩、換喩、提喩、諷喩

アイディアをとらえるには、この比喩の考えを援用すればよいのである。

Aで言われることを別の分野のそれと似てはいるらしいが、はっきりしたことばになっていないBに移行する。

そういう比喩作用は、アイディアの創出にとってきわめて重要な原理になると言ってよいだろう。

そこでこの比喩法を、もう少し、こまかく分けて考えてみることにしたい。それぞれが、アイディア創出の方法になる。

もっとも簡単で単純なのが明喩（直喩）である。

さきにも例にあげた、ブタを、大きなイヌだと呼んだ幼児は、この明喩をつかっていたことになる。「（あれは）大きなイヌ（のようだ）」という意味である。『ハムレット』の芝居の中に、空の雲を見て「ラクダのようだ」と言っているのも明喩である。

どこか似たところがあるのを見つけて、既存のことばを移行、援用するのがこの明喩である。

この明喩の「のようだ」をとってしまい、「あの雲はラクダだ」とすれば、隠喩になる。「あいつはいつもまわりをかぎまわっている、イヌだ」も隠喩になる。

それを成立させるにはイヌとその人間の行動との間に相通じるものがないといけない。

逆に、AとXとの関係が認められれば、Xという未知のものをAの比喩でとらえる。つまり、名をつけ、ことばをつくり、存在を明らかにすることができる。発見ができる。

Xにぶつかったら、それと相似性のあるものをさがせばよい。

さらに微妙なのが、換喩（ミトニミー）である。あるものごとを言いあらわすのに、そのものの名称を用いずに、それと隣り合わせになっているものの名称で表現する形式である。柔道の有段者のことを「黒帯」と呼ぶのも、ともに酒をのむのを「盃をかわす」というのもそれ。

新しいことばでもとのものごとの特性を明らかにする。

提喩（シネキドキ）は一部分の名称で、全体を、あるいは全体の名称で一部分をあらわす比喩である。「白帆」で船、「王冠」「笏《しゃく》」で王位、国王、「花」でサクラ、「ペンと剣」で文武をあらわすのなどがこのシネキドキである。もとはいずれもアイディアである。

一部で全体を、全体で一部を代行するところが比喩であり、これによって、新しいことばを、アイディアを生み出すことができる。

もっとも規模の大きなのが諷喩（アレゴリ）である。同系列の隠喩を続けて用い、たとえ話のような形式をとる比喩である。

芭蕉の『奥の細道』の冒頭は、

「月日は百代の過客にして、行きかふ年もまた旅人也。舟の上に生涯を浮べ、馬の口をとらへて老いを迎ふる者は、日々旅にして、旅を栖《すみか》とす。……」

とあるが、ここは人の一生、人生を〝旅〟になぞらえている寓話、諷喩であると見なすことができる。

夏目漱石の『吾輩は猫である』は人事を猫の目を通して見る形式をとって新しい世界をつくり出した。諷喩的である。

詩人などでこの諷喩を用いるものが古来、少なくないのは、ことばに関しては、比喩がもっとも豊かなアイディアの源泉であることを立証しているように思われる。

⑦▼結合させる

「無関係なもの」

二十世紀の初頭、ヨーロッパに新しい詩が生まれた。新しい詩法が出現したと言ってもよい。

それまで、詩は、情緒、感情をうたうものであり、詩人の自己の表白であると考えられていた。それに対して、新しい詩は、没個性的、非情緒的で知的色彩の濃いものであったから、世人は、それを主知主義の詩と呼ぶようになった。

そのもっとも華々しい先駆者であったT・S・エリオットは、「詩人は自分の感情を詩にしてはいけない。個性を表現するのではない。むしろ、詩人は、自分の個性から逃避しなくてはいけない。個性は、それが存在しなければ、決して結合しないであろう感情、詩想を引き合わせ結びつけるところではたらくのである。それは化学における触媒反応に似ている」と言って、有名なアナロジーを示した（「伝統と個人の才能」）。

これがすでに、アイディアである。

酸素と二酸化硫黄の入っている容器に、細いフィラメントになったプラチナを入れると、化合がおこって、亜硫酸ガスになる（これは化学的には正確ではないとあとから諸家の指摘があったが、ここでは問題にならない。方法とプロセスの方が問題である）。ここでもアイディアがはたらいている。

酸素と二酸化硫黄は、それだけでは、化合しない。プラチナのフィラメントがそこへ介在すると、化合がおこる。そして、そのプラチナ化合のさきとあとで、少しも変化、増減がなく、少しも変わらない。化合に立ち合い、触媒作用をおこすだけで、フィラメント自体はまったく無変化である。

詩人の個性、自我、詩情というのもこのプラチナのフィラメントのようなものだ、とエリオットは考えた。二つの詩情を化合させるはたらきはするが、それ自体は化合したものの中にあとをとどめない。これが主知主義的創造の個性であると述べた。はなはだ有名で現代詩に関心のあるものなら知らぬものはないほどである。

この触媒法はアイディアをとらえる方法として注目すべきものである。

発見のルールであると言ってもよい、ある種の科学性を内包している。

こういう触媒法によって、エリオットはたとえば、

四月はこのうえなく残酷な月だ、
リラの花を死んだ土から生み出し、

追憶に情熱をかきまぜ、
無感覚の根を春の雨で呼びさます
（「荒地」冒頭）

のような詩をつくった。これは、六百年前の英詩の父と言われるジェフリー・チョーサーの有名な『カンタベリ物語』序歌の冒頭にある詩句、

四月がやわらかい驟雨《しゅうう》をもたらし
三月の日照りの根もとまで浸みとおり
その湿りにあらゆるものをぬらして、

その精気から花が生まれてひらくとき。

というのをふまえている。のどかで、おだやかな四月という詩想を、二十世紀の「荒地」の景色と化合させたのが、「残酷な四月」という新しいことばの発見につながった。

この化合法は、もじり、パロディといったものでもあるが、もとのコンテクストからはなして新しいコンテクストの中へ入れるときにおこる〝おもしろさ〟である。伝統的詩法では生まれることがないものだったと考えてよい。そこに知的操作が見られるが、少なくとも表面にはあらわれていないところが、没個性的詩法と考えられるゆえんである。

常識、ロジックにとらわれない

わが国の現代詩の先駆をなした西脇順三郎はエリオットをさらに一歩進めたものだと言うことができる。エリオットの方法は考えようによっては、パロディである。それでは、もとのものを変化させることはできてもまったく新しいものを生み出すことはむずかしい。西脇はそう考えた。

そして、西脇が考えたのは、遠いもの同士の結合であり、不調和の調和という手法であった。

結びつきやすいものはすでに結合してしまって存在し、陳腐である。結びつきにくいもの、遠くはなれて、接合の考えられないようなもののをあえて結びつけることによって、これまで存在しなかった新しい世界をつくり出し、発見できる。普通なら結びつけようとはしない、散文では、表現することが許されないことばを綴って、新しい世界をつくり出す。そこに発見があり、創造がある。

(覆《くつがへ》された宝石)のやうな朝
何人か戸口にて誰かとさゝやく
それは神の生誕の日。

(「天気」『あむばるわりあ』)

室生犀星はこの詩を読んで、冒頭の一行は詩人が生涯かかって五回とは書けない傑作だと言ったが、イメージの鮮烈さは、朝、日を浴びてつゆなどが輝くさまを、ひっくりかえった宝石箱と結びつけたのはただの比喩などではない非凡な着想（コンシート）であった。

どうして、このような着想を得たのか。後年、西脇がごく親しい若い人たちに、口をすべらせたのであろう、こういう不調和の調和、遠いものを結びつける形而上詩の作法の裏ばなしをしたことがある。

それによると、詩をつくろうとして考えていると、さまざまなことば、イメージが浮かんでくる。それをそのまま、詩にしたのでは常識的で、ごく浅いものになってしまう。

浮かんだことば一つひとつをカードにとる。

カードがたまったら、それを机の上、床の上に、並べる。そして、気の向くカードから順次にひろっていく。ひろえないものは残る。ひろう順序はなるべく、はなれたものとする。飛躍する。論理を脱却し、文法を超越する。

ひろい終わったら、頭から見なおす。心にそまないようであれば、もう一度、散らしてひろいなおす。

〝カード〟は英語だが、ポルトガル語ならカルタである。カードひろいは、すなわち、カルタひろいである。西脇はひそかにこれをおもしろがっていたのである。

この方法の妙は、カルタとりそのことにあるのではない。一つひとつのカルタをどういう順序でひろっていくかが肝心なところである。

普通のロジック、方法、常識をあえて外して、これまで試みられたことのない結合を行ったときに、まったく新しい詩想、新しい表現が生まれる。頭の中で反芻しているだけでは、こういういわば機械的に斬新なアイディアは生まれてこない。あえて一見、乱暴なように見える方法によって、それをやってのけたということ自体が、りっぱな発明であると言ってよい。

これは詩作に限って有効なわけではなく、一般の独創的思考にも応用がきくものである。テーマについて、いろいろの資料を蒐集する。それを、正常の論理によって整理したのでは、これまでの考えから抜け出ることはできない。

カードにとった知識や情報を思い切って乱暴な新しい組み合わせでつなげてみると、少なくとも、これまでには見られないような考えが生まれ出る可能性がある。

⑧▼類推する

もっとも有力な方法

アナロジーはアイディアを生み出す、発見の方法としてもっとも有力なものの一つである。それなのに古来、これによる創造はかならずしも活発、顕著ではない。もっとも、一般の言語の発達の中では、化石となったアナロジーがいくらでも見出されるけれども。

たとえば、年齢の上、下、年上、年下ということばは、空間の上下の関係を年齢へ移したもので、初めに年上ということばを考え、使った人は、空間の上下関係を、年齢へ移行させる発見をしていたはずである。それが普通の言い方として定着するようになって、これが空間の関係を時間的関係に移して考えたアナロジー、類推、比例の思考によって生まれたということは忘れられることになった。

「時の流れ」ということばも、もとは比喩の一種である。時間は流れない。しかし、推移する。いったんすぎ去ったものは決して逆行してもとへ戻ることがない。そういった点で、流水に通ずるところがある。その両者の関係を直観したところで「時の流れ」ということばが生まれる。アナロジーによる、比喩の表現である。年上、年下、ということばほどもとの類推の性格が風化、化石化してはいないが、なお、比喩と感じられないで使われることが多い。

しかし、時は流れる、時の流れということばを初めて考えついたときにはアイディアであった。時間へ流水という運動のアナロジーをはたらかせた結果の発見である。ことばにはこういうアナロジーによってつくり出されたアイディアの化石がきわめて多い。初めは生きたアイディアだった。

星座は形によって、小熊座、大熊座などという名がついている。これも、類推の一例であると考えられ、前に述べた、人に綽名をつけるのにも似たところがある。発見による命名である。

こうして見ると、ことばによる創造、発見には類推、アナロジーによるものがおびただしいことがわかる。ただ、それがごく古い時代におこったことであるために、いまは、もともとの発生事情がほとんどまったく消滅しているにすぎない。言語の多くは類推によって発達してきた。現在においても、アナロジーによって新しい表現が生まれることは決して少なくない。

そのもっとも著しい例が詩人である。詩人は多くアナロジーによって、新しい表現を生み出すことができる。意識することは少ないかもしれないが、詩人はアナロジーの方法を用いて、新しいことば、表現をつくり出す。古い時代、きわめて多くの人が同じようにして、ことばを新しくつくり出していたと想像される。詩人はそれをいまにおいて再現、あるいは保持しているのである。

比例式に当てはめる

アナロジーは、ギリシア語で比例を意味するアナロギアから出ていることばであることからしてもわかるように、数学のことばであった。しかし、プラトンのころのギリシアではすでに哲学上の概念として用いられ、のちに類推、類比などと訳されることばになった。

アイディアを生み出すには、アナロジーを、もとの数学の考えにひき戻してみるのが一法のように思われる。アナロジーのもっとも明確な形は、

$$a : b = c : x$$

という比例式によってあらわされる。このxはつねに引き出すことができるのである。

$$x=\frac{bc}{a}$$

であるが、こういう形にするのではなく、aとbで成立しているのと同じ関係がcとxとの間でも認められることがわかれば、xはかならず導き出される。

ただ、cとxとの関係とパラレル、相似的であるaとbを見つけるのがポイントである。それはかならず見つかるとは限らないから、類推、アナロジーの発見もまた不確定要素から解放されることがむずかしい。発見の方法しての限界である。

例によって考えてみる。

親しい人が身近にいなくなったとき、寂しさ、なつかしさといった気持ちをいだく。こういう感情がどうして、生ずるのか。これが問題だとする。つまり、これがさきの比例式の、

c：x

に当たる。

これと同じ関係にあるaとbをさがし出さなければ類推は成り立た

ない。あれこれ考えて、感情の動きを物体の運動とパラレルなものだと思いついたとする。物体aは一定方向へ動いているが、その限りにおいて、それは特別な反応を示さない。

ところが、ある点で、aを急停止させると、そのあとも、なお、同じ運動を継続しようという力が初めは強く、だんだん弱くなりながら、しばらくは続く。物理で慣性の法則と言われるものである。a：bは、この場合、運動体と慣性の法則（現象）だとする。

これに対比すべきものとして、c：xをおく。cはaと同じ立場におかれる。親しい人に対してやさしい気持ちをいだいているけれども、相手がいる間は、それを自覚しないでいる。

ところが、その人が急にいなくなると、それまで潜在していた親近の情が、まるで急停車した電車の乗客が前のめりになると同じように、はっきり、意識されるようになる。

したがって、寂しさ、なつかしさという感情は、その対象となる人間がいなくなり、遠くへ去ったときに生ずる慣性による感情のあらわれであると定義することができる。

物体について認められる慣性は、生理的にも考えることができる。ものをじっと見つめていて、それを急にとりのけると、しばし、そのあとに残像が生じる。残像は生理的な慣性であると考えることができる。

この慣性、残像というものをもとにして、アナロジーによる新しい考えに到達する例をすでに前にも引き合いに出したことだがもう一度紹介したい。

文章を読む。そのことばは、一つひとつ切れている。それがつながって文をつくる。これヨーロッパ語のように、単語を分かち書きされることばだといっそうはっきりするだろう。一つひとつ切れたことばが並んで文章になっているのに、われわれは、そのことばから動きのある連続を感じとっている。

どうして、切れ切れの語のつらなりが、つながって意識されるのか。これが問題である。さらに、長い文章の終わったあとに、余韻、余情が生じるのはなぜか。これもあわせて課題になる。つまり、これが、比例式のc：xに当たる。

これとパラレルな関係になりうるa：bをさがせば、xは解明されれる。

たまたま、さきのような、寂しさ、なつかしさを慣性によって説明できた。このことばにおける情緒に、物理的には慣性、生理学的には残像とのパラレリズムを認める。これを言語のc：xと比例式を成立させる。

映画のフィルムの一コマ一コマは静止している。それぞれのコマは切れているのに、連続して動きを生ずる。それはちょうど、ことばの一語一語が切れているのに、文章にまとまると、その切れ目が消えて、動きを生ずるのは、残像の作用によるものだと解する。

映画は生理的残像によっているが、文章は、ことばの持つ心理的残像作用であるから、これを、修辞的残像という名の仮説にした。

つまりc：xのxが言語的残像作用だということを考えたのである。アナロジーの方法は、きわめて豊かなアイディアの温床である。これをマスターすればアイディアを生み出すのはむずかしくない。

⑨▼ヴァリエーションをつくる

既存のアイディアを背景にすえる

造園の技法の一つに借景というのがある。たとえば、庭には山がないが、その後方に山があって、庭園の一部のように見えるとき、これをとり入れて借景というのである。よその景物を借りるところからこの名ができたのだが、美の創出のアイディアである。

かならずしも、自分がすべて考えたことでなくても、よそにあるものを、借りてきて、自分の考えをよいものにするのは借景的技法による発想であると言うことができよう。

借景になるものがあるところへ庭園などをつくる。そのこと自体がすでに一つのアイディアである。

さらに、本体と借景との組み合わせが新しい眺望をつくり出すことを見越すのもアイディアになる。

古くからこういう造園の技術が発達していたことは、庭をつくるのが、創作であったことを物語っている。

造園ということをはなれても、借景の技法はアイディアの創出に役立てることができる。

自分の考えを、よその、前からあるほかの考えを背景にしてつくり出すと、借りた考えといっしょになって、全体がまとまって着想になる。背景によって、ものの見え方は一変する。うまい借景を見つけることは、アイディアである。それに自らのアイディアを配すれば、重層的なアイディアになる。

昔から、新しい考えとされてきたものが、その実はまず借物をともなってあらわれたことが少なくなかったと思われる。

借景はよそのものを借りるが、それをまねするのではない。もとにはない新しいものが生まれるのを予期する借用である。

換骨奪胎の手法

借景は空間における問題であるが、時間的な借景とも言うべきものもある。すなわち換骨奪胎である。

これは文字通りには、「骨をとりかえて、胎（児の宿る所）を自分のものにする」という意味で、いまはもっぱら比喩として、「先人の詩文などの表現法を借りながら、趣旨に変化を試みて、独自の作をつくり上げる法」のこととして用いられる。ときとして、他人の作品の焼きなおしの意でも用いられもするが、それは不徹底な換骨であり奪胎である。

親はなくても子は育つ

ということわざがある。これをもじって、

親はあっても子は育つ

としたとする。ここには換骨のアイディアが見られる。

親は子どもの育つのにどうしても必要である。しかし、なにかの事情で親がいないことがある。それでも子の生命力は強い。なんとか育つものだ、というのが、元のことわざの心である。ここでは、親は善きものとなっている。

ところが、次の「親はあっても」では、親はよくない、子を誤る存在として扱われている。そういう親ならない方がいい。あっては困るのだが、そんな親であってさえも、なお子はやはり育つ、というのである。借景のアイディアがなければ、こういうパロディは生まれない。

起きてみつ寝てみつ蚊帳の広さかな　　千代女

という有名な古句をふまえ、それを茶化し、

お千代さん蚊帳が広けりゃ入ろうか

という川柳は、換骨奪胎のアイディアによっておもしろさを出す。これもりっぱな創作である。たんなる先句の焼きなおしではない魅力を持っている。着想の妙である。

「本歌どり」の手法

この換骨奪胎をはっきり文芸上の技法としたのが、〝本歌どり〟である。和歌で、古歌の語句、発想、趣向などをとり入れて新しい歌をつくる手法が本歌どり。

月やあらぬ春や昔の春ならぬわが身一つはもとの身にして

という在原業平の歌を本歌にしてできた、

面影のかすめる月ぞやどりける春やむかしの袖の涙に

というのは、本歌どりの歌だとされる。業平の一首を遠景にした借景であると考えることでその十全の意味がわかる。

新古今集巻一の藤原定家の歌、

梅の花匂ひをうつす袖の上に軒洩る月のかげぞあらそふ

も、やはり在原業平の、さきの「月やあらぬ……」を本歌とする。

一つの本歌からいくつもの歌が生まれてくる。それだけ本歌に、発想を促す力がこもっていることになる。

本歌どりの技法は、新古今集の時代にもっともさかんであったと言われ、藤原定家は、その理論的指導者と見なされる立場にあった。定家が「本歌の詞をあまりおほくとる事はあるまじき事にて候」と言っているのは、あまり本歌につきすぎれば、模倣、盗作になってしまうからである。不即不離の関係にあるとき本歌どりはその詩趣を深める。

一首の歌の背景に借景のように先人の歌がひかえているとき、両者は見るものの目には融合して奥行きのある美しさを感じさせるようになる。定家は、そのあたりのことを「余情妖艶」をつくり出すのだと言っている。つまり、新しい詩想の発明である。アイディアがなければ、ただの模倣である。

ヴァリエーションはアイディアの宝庫

新しいものを生むのに独創、発見ということが必要であることが、はっきりしていない時代、伝統の踏襲ということが充分に価値を持っているところでは、無から有を生ずるような新しいものの製作、思考は尊重されない。

それにもかかわらず、新味は出したい。これまでとは違ったものをつくり出したいという創作の意欲は存在する。そういう場合に、さきの本歌どりの方法は有効にはたらく。

そういうヴァリエーションの方法が八百年も前、すでに確立していたというのは刮目に値することである。われわれ日本人は、本歌どりという方法で、作歌以外でも、広く、新しいアイディアを生み出してきた。

本歌と、それにもとづいた歌は、それぞれ独立していながら互いに響き合って、個々の作品の持つ意味以上のものをあらわすことができる。そこに生まれる重層の意味は、余情であり、余韻であって、複雑、多岐、多義である。論理をこえるところがある。アイディアの超論理のおもしろさである。

曖昧をふくむヴァリエーションを生み出す発想では、おそらく日本人はもっともすぐれていると言うことができる。それがまた反面、単純、論理的、数学的な発想をいくらか妨げているかもしれない。

明治以降、外来文化を本歌として、文化の各分野において、活発な〝本歌どり〟が行われてきた。ただ、それがあまりにも、本歌に近づきすぎるきらいがなくはなかった。それは定家の口まねをするならば、「あるまじき事」である。

借景、換骨奪胎、本歌どりを通じて見られる、よそのものを借りながら、自らそこから抜きん出て、独自の趣向、工夫を出す。これができれば、ヴァリエーションはアイディアの宝庫であると言うことができる。

伝統の強いところでの独創はヴァリエーションの形をとらないではいられない事情がある。革新、創造、破壊によるアイディアの獲得ではなく、修正、加工、加上、変奏などの手法によって、新しさを出していくことができる。アイディアの方法として注目すべきである。

⑩▼入れかえる

主客を入れかえる

ものごとは見なれると陳腐になる。注意をひかなくなり、おもしろいとも感じられなくなる。それを新鮮なものにし、見る人の意識を挑発するための方法として、もともと、背景（バックグラウンド）にあったものを前景（フォアグラウンド）へ移すことが有効である。これが前景化理論と言われる。

もとはチェコのプラーグ学派の考えで、芸術様式における新しいものを生む技法として注目された。

アイディアを生み出すに当たっても、この前景化の方法は役に立つと思われる。これまでは背景におかれていたものを、前面へ持ってくることで、全体が新しい作品になる。これまで注目されていない部分であった考えを、前面に押し出すことによって、新しいアイディアをつくり出すことができるのである。

具体的な例をあげる。

シェイクスピアの『ハムレット』にはローゼンクランツとギルデンスターンという、いわば端役があらわれる。これを、二十世紀の後半になって、トム・ストッパードという劇作家が、この二人を主役とした戯曲を書いて、注目された。『ハムレット』のパロディというのではないが、『ハムレット』を読んだことのある人の方が、この新作『ローゼンクランツとギルデンスターンは死んだ』はいっそうおもしろくなる。つまり、その方が前景化による価値が高まるからである。

こういう例は、ほかにもいろいろある。

背景部分を中心部、あるいは前景へ移すというところに前景化による着想、アイディアがあると考えられる。

部分を入れかえる

まったく新しいものをつくり出すのではなくて、すでに存在するものの部分を入れかえることで新しいものを生み出すのである。前に述べた既存のものの換骨奪胎の一種であるということもできるが、それよりいっそう明確なヴァリエーションである。ただ焼きなおしという印象を与えるようであれば、前景化が充分に利いていないことになる。

主客を入れかえることでまったく新しい世界になる。

向井去来は蕉門のすぐれた俳人である。あるとき、

岩鼻やここにもひとり月の客

という句をつくって、芭蕉に見せた。芭蕉がどういう趣きを詠んだものか、とたずねた。去来が、月のよい夜、突き出た岩鼻へ月見のつも

りで行ってみると、すでに、先客があったのを句にした、という意味のことを述べる。

それを受けて、芭蕉は、それよりも、いっそ岩鼻で前から月を賞でているのを作者自身として、近づいてくるのを別人とする、つまり、主客を入れかえれば、趣きはいっそう深まる、と評した。去来もこれに服した、という。

芭蕉は「月の客」を作者自身と前景化するアイディアによって、去来の句を別のおもしろさを持った句にした。前景化のアイディアの一種と考えてよい。

俳句はもともとアイディアによってつくるものである。アイディアがなければ、十七音という小さな形の中へ、大きな世界を移すことはとうていできない。

芭蕉『奥の細道』に有名な、

田一枚植ゑて立去る柳かな

という句がある。この〝柳〟は西行の「道のべに清水流るる柳かげしばしとてこそ立どまりつれ」（『新古今集』）と詠んだと伝えられる柳であって、謡曲「遊行柳」の柳でもある。芭蕉はその名高い柳をながめながら往時をしのび、しばし、そこに立ちどまったというのである。

ただ、この句には、主語が表にあらわれていないこともあり、古くから、さまざまな解釈が行われた。田一枚植えたのを芭蕉ととって、一枚田植をしてから立ち去ったというように解した人さえある。もちろん、田植をしたのは早乙女で、立ち去るのは芭蕉であるが、背景の田植を前景化して、作者のこととすれば、こういう曲解になる。俳句はつくる側だけではなく、解釈する側にもアイディアが求められる。

物語にも、前景化のアイディアの生かされているものが少なくない。顕著な例をあげれば、普通は人間によって観察される動物を主人公にしたストーリーをこしらえるアイディアである。人間界のことを動物の世界へ引き移して、人間からは見えにくいところに光を当てるようにするのである。

イソップ寓話なども、全編、動物が主人公の立場にある。前景化の一例であるが、新鮮さを出すというより、視点を変えてものごとを眺めるおもしろさをねらっていると考えられる。いずれにしても、もともとはアイディアであった。

夏目漱石『吾輩は猫である』の技法も前景化の例である。もっともこの技法はヨーロッパの、たとえば、ホフマンスタールなどに先例があるというが、知識人の諷刺的ポートレイトを書くのに猫を借りて来たというのはアイディアである。

イギリスのジョージ・オーウェル『動物農場』は、動物の世界で人間の政治的闘争を描こうとした諷刺小説である。前景化は諷刺にはとくに有効にはたらくことがわかる。

ここにAというものがあるとする。それを見るSとの間にBというものがあって、Sの視野をさえぎっていれば、SからAを見ることはできない。そこで、Sが場所をうつして、Bのうしろにまわり Bにじゃまされないところへ移動すれば、SはAを見ることができる。

絵画においてももちろん前景化ははたらく。もともと、背景、前景というのは絵画的な概念であるからはたらいて当然であろう。

古来、富士山は実にしばしば描かれてきた。見なれた目からは平凡、陳腐なものに感じられる。それをきらって、前景に土地の風景を配し、遠景に富士を描いて新味を出したのが葛飾北斎であり、それを批判しながらも、歌川広重もやはり前景化の手法をとり入れて、富嶽の新しい美しさをつくり出した。

音楽においては主題と変奏の間に、前景と背景の関係がみとめられる。絵画に比べてもいっそう活発に前景化がはたらいていると見てよい。新曲はきわめて多くの場合、先行する名曲の前景化であると言っても過言ではないであろう。

このように、前景化の方法は各分野において新しいものをつくり出すのに有効にはたらいている。

しかし、アイディアを生み出す方法としては、意識的に活用されることがこれまで、どちらかと言うと少なかったように思われる。

前景化は、アイディア獲得のためには未開発の手法であると言ってよく、積極的な活用が待たれる。

おわりに

創意、工夫はなぜ必要か

たいてい、どこのパーティーでも、あいさつのスピーチのおもしろいことはまずない。お互いに退屈な話を聞くのになれているから、つまらないとも思わない。

わかり切ったことを型どおりに話したのではたのしいわけがない。人に聞かせる話には、ひと工夫、ふた工夫が必要である。ことに短いスピーチには工夫をこらす必要がある。名演説家とうたわれたアメリカのウィルソン大統領が、二時間の講演なら即座に始められるが、三分の卓話にはひと晩の準備がいると言ったというのは、スピーチの難しさを知る人のことばである。

スピーチにはアイディアがつまっていなくてはならないのだが、言論の歴史が浅く、ことばの文化の低い社会では、おもしろくない話しかできない。アイディアはこんなところでも生きるのである。

宣伝とか商品開発といった経済活動でアイディアが注目されるようになっているけれども、創意、工夫はなにもそれに限ったものではない。賢く、美しく、そしておもしろく生きていくには、日々、日常において、たえずアイディアを出していなくてはならないのである。アイディアによって、人生は、つねに新しく、価値あることができる。

毎日、日記をつけているといって得意になっている人がいるけれども、まえがきに述べた利子生活者的である。後ろ向き、保守的である。日記では進歩の余地は限られている。日記信仰を疑うのも、りっぱに一つのアイディアである。

日記はいわば決算。予算に当たるものがなくてはいい決算にならないと気づけば、日課の日程立案の大切さはおのずと明らかである。毎日、今日はなにを、どういう順序でするかのプランづくりをする。案外、頭を使わなくてはならない。予定プランをつくるのは、投機的で、飛躍、進歩の可能性を秘めている。

日課のはじめのところに、床中の思考の時間をつくる。ぼんやり、あるいははっきり、浮世ばなれたことを考えるのは実にたのしいものである。思いがけないアイディアが浮かんだりすることが、ときどきある。

利子生活者でも、このひとときは投機家になることができる。自分の生き方を飛躍させ、伸展させるきっかけをつかむことがないとは言えない。生きることはすばらしい。そういう思いをするのも偶然ではないだろう。

投機型の人間は、いたるところでアイディアをつかみ、思いがけないときに名案が頭に浮かぶ。少なくとも、そういう期待をいだいて生きていくのである。ひょうたんからコマではないが、夢のような掘り出しものにめぐまれるのも夢ではない。

この本が、そういうアイディアのある人生をつくるためにいくらかでもヒントとして役立てば著者として、こんなにうれしいことはない。

文庫版あとがき

外国でなんと言われようと、気にはしていられないが、ヨーロッパで、日本人のことをエコノミック・アニマル、と言っていると伝えられたときは、さすがにいやな気がした。それより前、アメリカで日本人をコピー・キャット（まねっ子）呼ばわりしていたらしいが、馬耳東風であった。実際はこの方が応える批判である。

近代の日本は西欧文化の摂取をこととしてきて、それが模倣であることを顧みるいとまがなかった。もともと学ぶことと真似ることはごく近い関係にある。

いつしかみずから新しいことを考え、創ることを忘れてしまったかのようである。しかし、こちらの文化水準が高まるにつれて、模倣の限界が見えてくる。遠くのもの、高いものを借用したり真似たりするのは気楽だが、手本が身近になるにつれて、ネガティィヴな意味を帯びるようになる。いまの日本はその段階にある。

模倣社会において、独創、オリジナリティは充分にその価値を認められず、すぐれた考えを生み出す人をアイディア・マンなどと軽んじる。

一部の人たちは、創造と独創を目ざして努力しているけれども、社会の見る目はかならずしも温かくない。新しいことを考えるインセンティヴが欠けている。とにかく、新しいことを考え、独創的な仕事のできる人をひとりでもふやす必要がある。

そう思ったから、おこがましくも、アイディアはどうしたら生まれるかを考えて、まとめた。それがこの本である。ごく狭い経験をもとにしているから、未熟なところが多いに違いない。実際にアイディアを生みだすにあたって、どこまで有用であるかも、心もとない。ただ、著者が多少とも実行したことを中心にしていて、その限りにおいて、新しいことを考え出そうとする人たちに、なにがしかの参考にはなるだろうと思っている。

文庫化に当って筑摩書房の金井ゆり子さんにいろいろお世話になっ

た。

平成二十一年　師走

外山滋比古

本書は、株式会社筑摩書房のご厚意により、ちくま文庫『アイディアのレッスン』を底本といたしました。

外山滋比古（とやま・しげひこ）

1923年生まれ。東京文理科大学英文科卒業。『英語青年』編集長を経て、東京教育大学、お茶の水女子大学で教鞭を執る。お茶の水女子大学名誉教授。専攻の英文学に始まり、エディターシップ、思考、日本語論などの分野で、独創的な仕事を続けている。『思考の整理学』『「読み」の整理学』『ことわざの論理』『知的創造のヒント』『ライフワークの思想』『忘却の整理学』などたくさんの著書がある。2020年７月30日逝去。

アイディアのレッスン
(大活字本シリーズ)

2022年11月20日発行 (限定部数700部)

底　本　ちくま文庫『アイディアのレッスン』

定　価　(本体3,000円+税)

著　者　外山滋比古

発行者　並木　則康

発行所　社会福祉法人 埼玉福祉会

埼玉県新座市堀ノ内3—7—31　〒352—0023

電話　048—481—2181

振替　00160—3—24404

印刷製本所　社会福祉法人 埼玉福祉会 印刷事業部

ISBN 978-4-86596-548-3